Sustainable Way of Living

제로 웨이스트적 삶의 실천을 시작하려는 사람도
일상 생활 패턴을 한번에 바꾸기란 쉽지 않은 법이다.
책에 소개한 생활 제품과 브랜드 역시
읽는 이의 입장에 따라 완벽하지 않을 수 있다.

단지 '제로'의 삶을 실천하고자 하는 사람을 위해,
지구를 지키는 소비 가치를 한 번 더 생각하게 만드는
제품을 소개한다.

물론 필요성에 대해 여러 번 생각해본 뒤 결정하는
소비 자세를 권한다.

ZERO WASTE 77

제로 웨이스트러의 첫 발.
내 생활을 바꿀 이유가 되는 물건들 이야기

목차

Fashion & Beauty 170
'지속가능'의 가능성을 대표하는
국내외 패션 & 뷰티 브랜드와 친환경 아이템

77가지 생활 아이템이
새로운 제로 소비의 지표를 만들어줄 수 있다면

제로 웨이스트ZERO WASTE가 지구온난화 위기에 대응하고 환경을 보호하기
위해 쓰레기 배출량을 '0제로'에 가깝게 최소화하는 소비 운동이라는 것은 이제
우리 대부분이 인지하는 이슈다. 사회관계망서비스SNS에서도 제로 웨이스트
챌린지와 함께 구체적인 실천법이 공유되었으며개인 용기 사용하기, 일회용 플라스틱 제품
거부하기, 재활용하기, 업사이클링 제품 이용하기, 텀블러와 장바구니 생활화 등등, 팬데믹 시기 동안
배달, 포장 서비스의 급증과 함께 일회용 플라스틱 용기와 비닐 제품, 음식물
쓰레기가 급격히 늘어나며 우려와 실천에 대한 인식도 한층 높아졌다. 그런데
아이러니하게도 우리가 쓰레기 줄이기에 동참하고자 하는 순간, 이내 많은
질문과 의문을 갖게 된다. 평소 텀블러와 에코백을 지니는 것 정도는 기본이라고
해도, 구체적으로 들어갈수록 내가 실천하기에는 애매하거나 어려운 항목들을
맞닥뜨리기 때문이다. 실제로 음식물 쓰레기의 퇴비화나 일상의 '줍깅' 실천 그리고
생활 소모품의 리폼까지. 공감하면서도 '과연 내가 적극적으로 할 수 있는가'라는
의문을 갖는다. 결국 가장 중요한 것은 누구나 공감할 수 있는 '현실감'의 문제다.
새로운 구입을 줄이는 것과 함께 건강한 순환에 대해 제대로 이해함이
기본이며, 만약 필연적 소비가 따라야 한다면 최대한 친환경적으로,
최소한의 쓰레기를 남기는 방향을 고려해야 할 것이다.

책책은 2019년부터 환경 무가지를 기획·편집해왔으며 3년 여에 걸쳐 축적한
아카이브를 기반으로 '친환경 소비'에 관한 단행본을 기획했다. 환경보호
실천과 착한 소비를 연결하는 플랫폼 역할을 하며 건강한 순환을 돕는 제로
웨이스트 제품 컬렉션 북이다. 이번 책의 출간을 위해 수차례의 기획·편집
회의를 거치면서, 편집부에서는 브랜드, 또는 제품 아이템 선정에 있어 몇

가지의 기준을 통한 원칙을 세우고 꽤 완고한 기준으로 만들었다. 단순한 제품 소개를 넘어 어떤 제품을 소비해야 하는가에 대한 관점을 제시하고 기준을 세워줄 때 주변 사람에게도 파급력이 생길 수 있겠다는 생각에서다. 단지 3개월 이상의 편집 기간 동안 몇 차례의 수정을 거쳐 아이템 리스트를 확정했음에도, 출간 후반 작업에 이를 때까지 안타까운 부분이 남았다. 77가지 물건으로 제한하기에는 짧은 시기 동안 너무 빠른 속도로 새로운 스타트업과 제품, 브랜드와 캠페인 행보 등이 확장되었기 때문이다. 그런 의미에서 결국 이번 책은 첫 컬렉션 북 프로젝트로서, 모든 것을 담겠다는 생각을 버리고 이제 막 환경과 자원순환, 쓰레기 배출에 관심 갖기 시작한 사람이 지닌 다양한 '왜'의 의문과 답을 함께 짚어보는 가이드로 완성했다.

사실 '친환경적 소비 촉진'이란 표현은 제로 웨이스트 운동의 발생 이유와 철학에 따르자면 애초에 통용될 수 없는 개념이다. 그런 한편으로 '최대한 아무것도 소비하지 않는 삶' 또한 소비 행위에 중심을 둔 해석이므로 미시적 접근일 수 있다. 단지 제로 웨이스트적 삶의 전환을 시작하려는 사람이 당장 개념을 정리하고 모든 생활 패턴을 바꾸기는 어려우니, 익숙해짐의 첫 발로 '착한 소비'의 관점에 대한 이야기를 공유하면서 소비의 변화에 작은 보탬이 되었으면 한다. 이런 의도에 따라 제품 선정의 기준으로 삼은 중요 요소 중 하나는 재활용, 혹은 새활용의 가능성을 보여주는 아이템이다. 관심이 실천으로 이어지기 위해서는 쉽게 공감할 수 있어야 한다는 생각 때문이다. 꼭 사야 할 물건이라면 다음 페이지의 기준에 부합하는 제품의 구입을 권하고 싶다.

다음은 〈ZERO WASTE 77〉에서 소개하는 제품과 설명에 대한 기본 원칙이다.

1.

폐기 불가능한 쓰레기를 만들지 않는 천연 소재의 생활 제품을 제안한다. 플라스틱 폐기물을 줄이기 위한 '줄이기=REDUCE'에 해당하며 청결·위생 제품은 물론 문구류, 주방 도구와 용기 그리고 헬스 용품까지 포함한다. 구체적으로는 '썩은 뒤 흙으로 돌아갈 수 있는' 순환적 관점에 부합하는 소재와 제품이다.

2.

생분해성 플라스틱=바이오 플라스틱 제품은 책의 리스트에서 제외했다. 이들 플라스틱은 소재만 두고 보면 '친환경'이고 옥수수, 사탕수수 전분, 해조류 등 다양한 원료를 이용한 소재가 꾸준히 개발되고 있다. 단지, 문제는 폐기 과정은 물론 지구의 토양에 매립된 뒤 알려진 내용처럼 3~6개월 만에 완벽히 분해가 될 수 있을지에 대한 불확실성이다. 따라서 생분해 비닐봉투, 위생장갑과 랩, 일회용 식기와 수저 등을 친환경이라는 명목으로 자칫 과다 사용할 수 있다는 우려에 의해, 제안은 하지 않기로 했다.

3.

쓰레기를 만들지 않겠다는 철학을 지니고 불필요한 포장을 줄이며, 물건의 재활용 회수를 늘리고자 행동하는 제품을 소개한다. 재사용 RE-USE는 '제로 웨이스트', '플라스틱 제로'를 위한 필수적 생활 지침 중 하나이다. 이미 사용한 물건을 본래 용도와 의도에 맞게 여러 번 사용하는 행위로서, 재활용보다 에너지를 적게 소비하며 쓰레기도 덜 만든다.

4.

지구온난화 시대에 대응하는 '의도와 가치'가 좋은 새활용 RE-CYCLE 제품을 소개한다. 리사이클링, 업사이클링을 위주로 한 브랜드 또는 대표 제품으로, 플라스틱 제품 생산이 불가피한 현실에서 폐플라스틱에 새로운 용도를 입힌 리빙 소품들에 주목했다. 이와 함께 페트 PET 리사이클 섬유, 과일 부산물 등 비건 가죽으로 만든 가방과 신발, 의류 등도 눈여겨보자.

5.

새활용 콘셉트의 패션 아이템인 경우에는 편집부가 정한 기준을 따랐다. 의류의 경우 국내외 비건 패션의 선구격인 브랜드를 소개하였고 기타 업사이클링 아이템은 다루지 않으려 했다. 페트병으로 만든 섬유의 가치를 인정하지만 셔츠 등의 의류는 굳이 '폴리 소재'로 만들 필요가 없기 때문이다. 대신 합성 섬유를 사용해야 할 필요성을 지닌 수영복, 가방 같은 제품은 리사이클링의 가치가 있다고 판단해 소개한다.

6.

특정 브랜드의 제품을 소개하는 경우는 그들이 표방하는 철학과 진정성을 믿고 추천한다. 친환경, 또는 리사이클링 제품에 대해 근본적 변화를 모색하는 브랜드 제품은 그 노력과 마케팅 또한 지속성을 지녔다고 보기 때문이다.

7.

탄소발자국을 생각한다. 폐자재를 새롭게 재생, 활용하는 훌륭한 업사이클링 노하우로 인해 전 세계적 친환경 제품으로 인정받는 제품이 있으나, 제작 과정상 또는 국내 구입에 있어 탄소발자국이 꽤 크다고 판단되는 제품은 리스트에서 제외하였다.

8.

제로 웨이스트 생활에는 비용 부담이 크다고 생각하는 경우가 있다. 이는 제품 구매에도 연관된 문제로, 예를 들어 고체 비누 바 하나의 가격이 1만 원선이면 누구나 싸게 느끼지는 않는다. 그런 의미에서 제품 가격에 대한 의견은 넣지 않았다. 제품의 생활적, 환경적 사용 가치는 실소비자인 독자분이 충분히 생각하고, 또 직접 사용해본 뒤 판단할 부분이기 때문이다.

〈ZERO WASTE 77〉은 일상 소비에 대한 우리의 친환경적 생각과 공유를 제안한다. 많은 고민 끝에 제로 웨이스트 실천 제품을 선정했으나 이는 앞서 기획 의도에서 말했듯 '소개한 물건을 새롭게 소비하라'는 의미가 아니다. 꼭 필요하지 않은 상황이라면 구입을 절제하는 '제로 소비'를 권한다. 멀쩡하게 사용할 수 있는 것을 버리고 친환경 제품을 새로 구입하는 것은 의미가 없다는 점을 염두에 두자.

마지막으로 이번 책의 인터뷰이인 오은경 저자는 '물건을 고를 때는 친환경적인가도 중요하지만, 내 마음에 드는지도 충분히 고려해야 한다'고 조언한다. 좋은 물건을 고치고 고쳐 더 오래 쓰려 노력한다면 쓰레기는 줄고, 진짜 내 물건은 늘어가는 알짜배기 인생을 얻을 수 있다는 믿음에서다. 다양한 관점의 조언을 읽어보면서 내게 꼭 필요한 물건이 있을 때 참고하는 유용한 가이드 북이 되기를 바란다. 제로 웨이스트의 철학을 염두하고 현재의 질 좋고 기능적인 제품이 우리 삶에 끼치는 윤택함을 인정하며, 한편으로 이에 대한 대안책을 함께 생각하고 조금씩 바꿔나갈 수 있다면? 이 작은 소비의 변화가 결국 시장과 환경을 바꾸는 큰 힘이 될 수 있을 것이다.

Kitchen & Food

주방의 일상을 바꾸는
위생 용품·보관 용품·보관
용기와 조리 도구

안심하고 빨아가며 오래 사용하는
100% 천연 직물 가사 소품

제로 웨이스트 아이템의 시작 챕터는 주방 살림 제품이다.
내 집에서의 시간을 보내려면 쾌적함, 위생을 위한 최소한의 가사생활은
필수고 음식을 먹는 즐거움과 각종 식재료 보관의 필요성까지 생각해볼
때 주방은 가장 많은 생활 소비재가 모인 공간이다. 이곳에서 가장 많이
발생하는 유해한 일회성 쓰레기는 단연 키친 타월과 일회용 비닐 랩이다.
키친 타월을 구비해두면 부모님 세대가 삶아 쓰던 행주가 필요 없고 비닐
랩과 장갑으로 음식물 대부분의 처리와 보관을 해결한다. 물론 어린 자녀가
있는 세대의 경우는 소비 성향도 다르겠지만, 우리나라 1인 가구의 비율이
무려 30%가 넘고 2021년 기준 매년 증가 폭도 커지는 게 현실이다.

문제점은 주방에서 이뤄지는 거의 모든 가사의 편이성 배달 음식까지 포함하여이
일회성 제품으로 인해 가능해진 반면, 이들 소재의 특성상 대부분은 매립
시 분해되지 않는다는 사실이다. 최근 우리가 전해 듣는 생활 폐기물의
재활용율 수치 역시 꽤 높아 보이나 '실질적 재활용'은 사실 그렇지
못하다 이는 뒤에서 다시 설명하겠다. 특히 비닐이 아닌 일반 종이나 천의 형태여서
안심하고 써왔던 제품 역시 플라스틱 성분이 섞여 있다는 것을 알게
되면 오래 쓸 물건 하나를 고를 때도 더욱 신중해질 수 밖에 없다.

기후위기가 전세계적 문제로 야기되면서 재생 가능한 원재료로 생산되는 '생분해 플라스틱^{바이오 플라스틱}'이 새로운 친환경 소비재로 등장했다. 화석원료를 기반으로 한 기존 플라스틱과 대비되는 개념으로, 땅에 매립되면 미생물에 의해 수 개월~수 년 내에 분해되는 재료로 생산된다. 예를 들어 옥수수, 사탕수수 등의 전분을 발효시켜 만드는 PLA 소재가 '친환경 플라스틱'으로 소개되면서 이들의 소비를 권장하기도 한다. 그러나 좋은 취지임에도 6개월 내에 반드시 생분해된다고 단정할 수 없는 것이, 100% 생분해를 위해서는 수분 70% 이상, 섭씨 58℃ 이상 조건이어야 하며 토양 환경에 따라 수십 년이 걸려도 썩지 않을 수 있기 때문이다. 결국 현시점의 국내 폐기물 처리 시스템 하에서는 '높은 확률'로 생분해되지 않을 수 있고 오히려 쓰레기가 증가하는 결과로 이어질 수 있다는 분석이 나온 시점이다. 그런 의미에서 일회성 생분해 제품으로 인지도가 높은 물건의 소개는 보류했으며 대신 빨아가며 안전하게, 오래 사용할 수 있는 천연 직물 제품을 추천하고자 한다.

무엇이 절대적으로 안전한 제품인지 대해서는 쉽게 답 내릴 수 없지만 어떤 것이 우리의 환경적 자세가 되어야 할지는 극명해진 시점이다.

뜯어 쓰는 키친 타월이 상용화된 뒤로 아이 키우는 집이 아니면 행주는 찾아보기 어려운 물건이었다. 식탁이나 그릇을 닦을 때 키친 타월 한두 장만 이용하면 번거로운 후처리가 필요 없기 때문이다. 그런데 생활 쓰레기를 줄여가자는 캠페인이 확산되면서 행주의 필요성이 다시금 대두되고, 이제 제로웨이스트 숍 어디서든 쉽게 구입할 수 있는 필수 아이템이 되었다. 단 100% 목화 순면으로 만든다 해도 표백제나 형광·화학 물질을 이용하면 유해물질이 발생하니 행주 한 장도 잘 골라야 한다.

최근 위생과 친환경 면에서 가장 잘 알려진 것은 소창 행주, 즉 '강화소창'으로 만든 제품이다. 소창은 면 방적사를 평직체크 방식으로 성글게 짠 천연 면직물로, 면이 부드럽고 통풍이 잘 되어 행주나 기저귀, 손수건 등 위생적인 용도로 많이 사용된다. 400여 전 전통을 지닌 강화 특산물로서 1970년대까지 최고의 전성기를 맞으며 강화 비단이라고도 불렸지만, 이후로 공장 대형화와 저가 대체품이 등장하면서 현재는 몇 곳의 소규모 전문 공장이 남은 상태다. 형광증백제를 넣지 않은 소창 직물은 보통 정련, 표백하여 흰색으로 사용하며 삶아도 환경호르몬이 발생하지 않는다. 통기성이 좋은 데다가 흡수력, 건조력이 뛰어난 만큼 세균 번식이나 먼지의 우려도 거의 없어 위생적이다. 비슷한 기능을 갖춘 위생 행주로는 면으로 된 거즈gauze를 꼽을 수 있다. 소창에 비해 더욱 얇고 부드러운 종류로 피부가 예민한 아기나 성인 손수건으로 사용하기 좋다. 순면이나 아사면, 요루면주름 가공 등의 거즈 모두 면 100%이며, 정련 과정을 거칠 필요 없이 세탁 후 바로 사용할 수 있다. 사진의 왼쪽은 소창, 오른쪽은 리넨 제품이다.

소창 행주 길들이기, 즉 처음 행주의 불순물을 제거하는 과정을 '정련'이라고 한다. 삶기 전의 소창은 아이보리색에 가까우며 삶을 때 옥수수 전분(풀)이 빠지면서 하얘진다. 따뜻한 물에 1시간 정도 담가두었다가 여러 번 헹궈 풀기를 제거한 뒤 과탄산소다(하얗게 만들기 위함)를 넣은 물에 삶고 건조하기를 3번 정도 반복한다. 불순물 제거가 필요할 때는 베이킹소다를 사용하면 된다. 이 과정을 거치면서 색과 촉감, 흡수력까지 좋아지며 이후로는 일반 세탁을 하면 된다.

차는 찻주전자에 잎을 직접 우려 마시면서 맛과 향으로 마음을 진정시키는 음료다. 그런데 잎의 보관과 관리, 또는 매번 다기에 우리는 자체가 번거로워 일반 가정에서도 티백 제품을 상용하는 경우가 대부분이다. 게다가 사무실에서는 종이컵 & 티백이 이른바 세트 개념인데, 이들 모두 미세 플라스틱을 방출한다는 사실을 아는 사람은 의외로 많지 않다. 삼각형 모양을 한 일반 플라스틱 섬유 티백티망은 물론이고 종이 소재 역시 재질 강화를 위해 플라스틱 섬유를 포함해 코팅하는 경우가 많다.7:3 또는 8:2 정도 비율 특히 미세 플라스틱은 물의 온도가 높을수록 많이 배출되는 만큼 다양한 티백 차를 구입해 마신다면 환경과 몸 건강에 미칠 영향을 동시에 생각해봐야 한다. 바다로 유입된 플라스틱 입자가 우리 먹거리로 식탁에 오르는 악순환의 문제도 있지만 티백의 경우는 마시면서 바로 이들을 흡수하게 되고, 몸에 즉각적인 영향을 미치지는 않아도 몸 속에 환경호르몬내분비계 교란물질을 내보내 건강을 위협한다는 우려의 목소리도 크다.

미세 플라스틱과 쓰레기 걱정 없이 차를 즐기는 법. 우선은 찻주전자를 마련해 직접 우려 마시는 것이 정석일 것이고, 만약 티백의 편이성에 익숙한 사람이라면 일회용 대신 빨아서 계속 사용하는 다회용 제품을 권한다. 대표적인 것은 소창 또는 면보로 만든 무형광·무표백·무색소 제품으로 깨끗이 빨아 건조하며 제대로 관리하면 반영구적 사용이 가능하다. 소창 제품은 마찬가지로 풀기를 없애는 정련 과정이 필요하다. 제로 웨이스트 실천자라면 '굳이 새롭게 물건을 제작해 사용해야 할까'라는 의문을 지닐 지도 모르겠다. 이런 경우라면 손쉽게 구할 수 있는 스텐이나 실리콘 소재의 티 스트레이너를 구비하는 것도 좋을 듯하다.

한 인도 공대의 실험에 의하면, 종이컵에 85~90도의 물을 100ml 붓고 15분간 방치했을 때 약 2만 5천 개의 미세 플라스틱 입자가 방출되었다고 한다. 또 극소량의 플라스틱이 사용되는 티백 역시 뜨거운 물을 부으면 1개당 약 116억 개의 미세 플라스틱, 31억 개의 나노 플라스틱 조각이 검출된다는 연구 결과도 나온 바 있다.

캡슐 대신 드립 커피를 즐기려면

우리의 커피 사랑은 대단하다. 하루 두세 잔을 마시는 사람에게 캡슐커피 머신은 집이나 사무실의 필수품이고 요즘은 직접 드립 해 맛과 향을 즐기는 이도 많다. 그만큼 캡슐과 드립용 여과지의 쓰레기 발생이 늘고 문제도 커졌다. 우선 캡슐커피. 재택 근무가 늘면서 아마도 엄청난 양의 소비가 이뤄지고 있을 것이다. 캡슐은 용기에 필터를 깔고 원두를 넣은 뒤 다시 필터로 덮어 밀봉한 구조로, 알루미늄이나 플라스틱 용기를 재활용할 수 있고 원두는 말린 뒤 비료로 이용할 수 있다. 단 칼 같은 도구를 사용해야 하므로 분리수거가 꽤 까다로운 만큼 '그냥 버리자'는 판단을 부른다. 고압을 견디는 캡슐의 경우 일반 플라스틱보다 분해가 더 오래 걸린다는 이야기도 있다. 환경 문제를 고민하는 소비자는 최근 스테인리스 케이스에 간 원두를 넣어 내려 마시고 재사용하는 '리필 캡슐'을 사용한다.

한편으로 드립 커피를 내려 마신다면 매번 사용하고 버리는 종이 필터 대신 재사용 필터를 사용할 때다. 다회용 면 제품으로, 제로 웨이스트 숍에 따라 소재에 차이가 있다. 더피커에서 판매하는 커피 필터는 햄프대마 코튼으로 만들었다. 재배할 때부터 면보다 물을 적게 필요로 해서 환경 비용도 낮은 건강한 섬유이며 흡수성, 내구성이 뛰어나 오래 재사용할 수 있다. 사용할 때는 소프넛과 같은 천연 세제를 이용해 가볍게 손빨래를 한 뒤 통풍이 잘 되는 곳에서 건조한다. 또 자체 제작하는 오가닉 소창과 순면 실로 제작된 필터소락 제품도 있으며, 사용한 뒤 씻고 건조하는 것 이외에 주 1회 삶거나 전자레인지 용기에 물과 함께 넣어 1분간 돌려 소독하면 오래 사용할 수 있다.

커피 필터

분리배출 관련한 신뢰 높은 앱 '내 손 안의 분리배출'에서도 소량(내용물 용량이 30㎖ 또는 30g 이하)이거나 혼합 재질인 경우 캡슐을 일반 쓰레기로 배출하도록 안내한다. 현재 국내 기준으로 N사에서는 커피 캡슐을 회수해 재활용하는 서비스를 갖추고 있으며 주문 시 전용 수거 가방을 제공한다(자체 공정으로 커피 가루와 알루미늄을 분리하며, 알루미늄의 75%가 재활용되는 것을 홈페이지에 게재해두었다). 그러나 재활용 통에 들어가는 캡슐이 어느 정도인지 알 수 없으며, 재활용 알루미늄을 얼마나 사용하는지도 모른다는 의문점도 대두되었다(출처: 소비자평가). 카트린 하라트만의 저서 〈위장 환경주의〉에 따르면 알루미늄은 보크사이트라는 광석에서 얻는데, 이를 채굴하기 위해서는 오스트레일리아와 기니 등의 열대림이 사라지고 생산 과정에서 약 8톤의 이산화탄소를 배출한다

자연이 선사한 안전한 세척 도구

지난 반 세기 동안 주방 세척 제품으로 사용해온 아크릴 수세미 역시 미세 플라스틱이 발생하는 종류다. 이를 대체하기 위한 친환경 제품으로 알려진 것은 천연 수세미와 삼베, 실리콘 수세미 등이 있다. 이들 모두 성분상 고유의 장점을 갖췄지만 실리콘 수세미의 경우는 거품이 잘 일어도 부드러운 소재 특성에 의해 기름때나 눌은 때를 깨끗이 제거하지 못한다는 평이 대부분이다.

현재로서 플라스틱 수세미의 기존 기능을 대체하기 적합하다고 보는 것은 천연 수세미다. 비용 면에서도 부담이 없다. 천연 수세미의 장점은 여러가지다. 거품이 잘 생기고 건조가 빠르며 기름기는 물론 각종 붉은 양념에 의해 색이 배지 않는다. 몇 년 전까지만 해도 국내에 유사한 천연 수세미나 가공품이 많이 유통되었지만 이들은 대부분 수입산이었다. 국내 한 수세미 농가가 언급한 이야기에 따르면 현재까지 수입되고 있는 수세미들은 운송비를 줄이려 고온압축을 하여 부피를 줄이는 경우가 많은데, 이 경우 내구도가 심하게 떨어지는 단점이 있다고 한다. 따라서 직접 키워 만든 천연 수세미는 국내 농장에서 재배, 제품화한 것이되 표백제나 살충제를 사용하지 않은 것을 구입하기 권한다.

수세미의 용도는 크기나 모양이 제각각인 만큼이나 다양하다. 설거지나 세척용은 기본이고, 화학 성분이 포함되어 있지 않으니 적당한 길이로 잘라 고리형 스텐 집게로 집어 걸어두고 샤워 브러시로 사용해도 좋다. 또 물빠짐과 건조가 빠른 특성상 비누 받침대로 이용할 수도 있는데 자르는 두께는 2~3cm 정도가 적당하다. 간혹 얇고 긴 모양을 발견하면 집게로 집어 텀블러, 물병 청소 등에 활용한다. 사용한 뒤 잘 말리고 삶는 데 신경 쓰면 위생적으로 오래 쓸 수 있다. 한편으로, 우리에게 익숙한 형태인 '삼베 그물코 수세미' 종류도 천연 제품이고 기능이 좋아 추천한다.

친환경적 세척을 돕는 자연 소재 브러시

앞서 천연 수세미를 소개했으나 설거지나 식재료 세척에 있어 스펀지 형태 대신 솔브러시을 사용하는 사람도 꽤 많다. 솔 형재의 세척 도구는 브랜드도 기능도 꽤 다양하다. 요즘은 솔 부분이 코코넛껍질이나 사이잘삼 등 플라스틱 프리에 동참하는 제품도 찾아볼 수 있다. 책에서는 친환경 이슈가 대두되기 훨씬 전부터 제품의 반영구적 기능과 안전성에 있어 꾸준히 좋은 평을 받아온 브랜드를 간략히 소개한다. 켈러Keller는 천연 자원블랙 포레스트의 나무와 자연 소재을 그대로 사용해 일상에 필요한 각종 브러시 제품을 제작해온 독일의 전문 브랜드다. 1869년에 설립된 이래 친환경 제조 기업으로 꾸준히 사랑받는 비결은 제조 과정에서 일체의 화학 처리를 하지 않는다는 점이며, 독일 FSC산림관리협의회 인증과 EMAS유럽 환경경영시스템 인증을 받았다.

본체는 나무이고 솔의 재질은 식물섬 섬유와 말털, 돼지털, 염소털로 나뉘며 각 종류에 따라 사용 용도에도 조금씩 차이가 있다. 설거지 솔 이외에도 과일·야채 세척솔과 냄비 세척솔 등 무척 다양한 전용 제품들이 있으며, 섬유질 솔을 이용해 씻은 야채는 껍질째 먹어도 안전하다. 손잡이와 분리해 사용할 수 있으며, 솔 부분만 새로 교체할 수 있으니 쉽게 버릴 염려도 없을 것이다.

세척 솔

친환경 브러시 제품은 본체가 나무로 만들어진 특성상 사용한 뒤에는 솔 부분을 바닥 쪽으로 두어 건조시키는 것이 좋다. 통풍이 잘 되어야 하기 때문이다. 또 물에 오래 담가두면 본체 나무의 갈라 짐 현상이 있을 수 있다.

플라스틱 집게를 대신하는 다용도 클립

스테인리스 스틸 소재는 인체에 무해하고 내구성이 뛰어나 프라이팬 등의
주방 도구를 비롯해 생활 용품 전반에 사용된다. 흔히 빨래집게라고 부르는
고리형 집게도 마찬가지로 제로 웨이스트 숍 어디에서나 쉽게 구입할 수 있
다. 녹슬 염려가 없고 반영구적으로 사용할 수 있기 때문이다. 주방이나 욕
실의 봉에 걸 수 있는 고리 형태의 집게를 추천한다. 수세미나 고무장갑 걸
이는 물론이고 다회용 생활 용품천이나 화장솜 등을 건조할 때, 위생은 물론 다
양한 수납 용도로도 두루 활용할 수 있다.

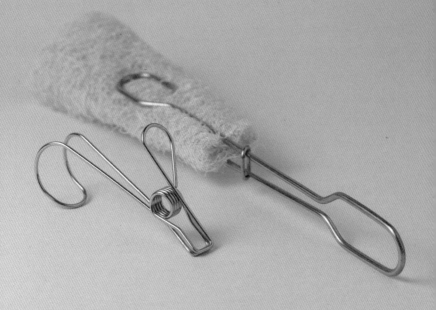

제로 웨이스트 숍이 하나둘 생기기 시작할 무렵 사람들의 눈길을 끈 대표적 물건 중 하나가 고체 비누였다. 세대에 따라 기억이 다르겠지만 '고체 비누' 하면 아로마 성분을 함유한 핸드메이드 미용 비누이거나 액체 비누가 대중화되기 전 세탁 비누 정도로 생각하는 사람이 많다. 반세기 동안 우리의 생활 전반이 액체 비누로 인해 편리함을 누렸기 때문이다. 그런데 친환경을 중시하는 젊은 세대가 제로 웨이스트 실천에 동참하면서 비누 또한 별도 용기가 필요 없는 고체 형태로 돌아오는 추세다. 설거지용 세제도 마찬가지로 작년 대비 판매율도 상당히 올랐다고 한다. 플라스틱 용기를 배출할 일이 없으며 비누가 물에 녹으면 자연 성분이 분해되어 환경친화적이라는 인식 때문이다.

모두 비슷해 보이지만 브랜드마다 고유의 철학으로 제품을 생산하는 것도 특징이다. '세제를 바꾸기만 해도 나와 자연과 이웃이 행복해진다'고 말하는 가치숍에서는 USDA미국농무부 유기농 인증 제품으로 만드는 설거지 비누를 만든다. 베이킹소다 이외의 모든 성분이 천연이자 유기농 원료이며, 1종 세척제로 유아용 식기도 안전하게 닦을 수 있다. 대용량 제품을 구입한 뒤 잘라 사용할 수도 있다. 동구밭은 발달장애인이 안전하게 함께 일할 수 있는 환경을 갖춘 사회적기업으로 USDA와 함께 프랑스협회의 비건 인증인 이브이건 인증도 받았다. 세제에서 입욕제까지 리빙과 뷰티를 어우르는 고체 수제 비누 전문 업체로 확장해왔다. 뷰티 전용 고체 비누 제품은 후반의 패션 & 뷰티 파트에서 다시 언급하기로 한다.

고체 세정 비누

주방 세제는 용도에 따라 1~3종으로 나뉜다. 1종 세척제는 채소, 과일 등 조리하지 않고 먹는 식재료 세척에 사용하고 2종 세척제는 조리도구나 용기 등의 세척용이다. 세척제를 구매할 때는 제품 용기의 표기사항을 살펴 용도에 맞는 것을 선택하도록 한다. 1종 세척제는 2~3종의 세척에도 사용 가능하지만 식품 제조와 가공 장치의 세척용인 3종 세척제는 1~2종 대신 사용할 수 없다는 점도 알아두자.

자연 열매 그대로 사용하는 세정 & 세탁 세제

국내에서도 꽤 오래 전부터 천연 세제로 사용되고 있는 소프넛솝베리은 가급적 세제를 사용하지 않고자 하는 실천가들에게 잘 알려진 열매다. 합성 계면 활성제를 쓰지 않기 위한 대안 용품으로 해외에서 먼저 인기를 끌었으며 이제는 국내에서도 쉽게 구입할 수가 있다. 무환자나무 열매인 소프넛은 거품을 발생시키는 사포닌 성분이 풍부해, 열매를 주무를 때 생기는 거품으로 주방 용품의 세척이 가능한 것은 물론이고 식기세척기의 세제로도 이용할 수 있다. 구입했을 때의 딱딱한 열매를 물에 불리거나 삶은 뒤에 사용하는 것이 기본이다. 소프넛 세제는 행주나 수세미를 삶을 때 함께 넣어도 좋고, 면 주머니에 10알 정도를 넣고 세탁기를 돌리면 세탁 세제로도 활용할 수 있다. 섬유유연 및 화학 잔여물 제거 효과가 뛰어난 만큼, 일반 합성세제를 사용할 때도 섬유유연제 투입 단계나 세탁 마지막 단계에 넣어 사용하면 좋다. 게다가 여러 번 재사용이 가능하니 경제적인 면에도 도움이 된다. 사용한 뒤 남은 섬유질은 퇴비로 사용할 수 있다.

단지 만족스러운 세정력에 대해서는 직접 사용해본 뒤 판단하는 것이 좋을 듯하다. 인기 상승의 뒷면에서는 세정력이 알려진 것과 달리 부족하다는 실험결과가 나오고 있기 때문이다. 물론 합성세제의 사용에 비해서는 훨씬 좋은 선택인 만큼 여전히 큰 지지를 받는다 인도, 네팔 등이 원산지여서 대부분의 국가가 소프넛을 수입하고 이를 통해 탄소발자국이 커지는 문제도 생각해볼 필요가 있기 때문이다. 단지 현재 국내의 판매도 원활히 이뤄지는 만큼 선택은 소비자의 몫일 것이다.

소프넛이 거품을 내는 이유는 함유된 사포닌 성분 때문이다. 사포닌은 어류에 작용하는 독성 물질으로, 생선을 대량으로 포획할 때 사포닌이 함유된 식물을 이용하는 전통 낚시법이 세계 곳곳에 존재한다. 소프넛이 자연에서 얻는 세제이니 친환경이라 생각하지만 만약 이들 배출량이 늘고 강과 바다로 흘러간다면? 어쩌면 바다 생물의 삶을 위협할 수 있다.

개인 용기 사용으로 소분 구입이 가능한 생활

빈 병을 세제 용기로 재활용하는 것이 크게 대수롭지 않은 사람도 있겠으나 '플라스틱 프리'를 실천할 때 중요한 것은 최대한 새 용기를 줄이거나 사용하지 않는 '소분형' 소비다. 일회용 플라스틱 용기를 줄이기 위한 근본적 대안은 생활세제 리필 스테이션의 선구격인 망원동 '알맹상점'의 이야기가 도움될 것 같아 짧게 소개한다. 알맹 프로젝트는 처음 망원시장에서 비닐봉지 대신 장바구니를 대여하는 캠페인으로 시작되었다. 그러다 생활세제가 담긴 일회용 플라스틱에 관심이 생겼고, 두꺼운 비닐봉투에 플라스틱 마개가 달린 리필 세제 용기도 없앤 채 내용물만 리필해 살 수 있는 '세제 소분 숍'을 열었다. 2년 전 숍앤숍 형태로 한 평 남짓하게 시작한 것이 친환경 소비자들의 입소문을 타면서 이제는 세제 이외에 다양한 생활용품을 판매하는 리필 스테이션으로 입지를 굳혔다. 단지 취지가 제로 웨이스트 실천자의 확산을 위한 것인 만큼 제로 숍이 확장세인 현재에도 해외처럼 탄탄하고 큰 수익을 내는 단계는 아니다. 하지만 지금처럼 이후로도 소분 숍이 동네마다 여러 곳 생기고 함께 도매로 대용량 세제를 구입하는 시스템이 갖춰진다면 지속적인 운영과 안정적 수익 구조도 가능하리라고 본다. 리필 제품과 리필 스테이션이 인기를 끌면서 요즘은 세제뿐만이 아니라 샴푸와 곡류, 찻잎, 향수, 디퓨저까지 구입 가능한 종류도 점차 늘고 있으니, 찾아갈 수 있는 거리의 숍은 적극 이용해보기 바란다.

쓰레기, 유해 성분 걱정 없는 반영구 주머니

맛국물을 낼 때 사용하는 육수 망. 국물내기 주머니 예전에는 스테인리스 스틸 소재의 전용 망을 이용해 국물을 우려냈지만 액체나 분말 형태의 제품으로 많이 대체되었고, 이후로 일회용 제품도 등장했다. 이들은 저렴해도 대중적인 소모품이고 최근에는 소분한 원재료를 넣어 판매하는 제품들도 인기 높은데, 우리가 잠시 잊은 것은 재질에 관한 문제다. 일회성 팩은 일반적으로 부직포 성분으로 제작이 되며 외포장은 폴리프로필렌이고 내포장 티백은 복합섬유 2가지 이상의 상이한 섬유로 표기된 것을 확인할 수 있다. 끓는 물에서 조리했을 때 어떤 성분이 빠져나올지도 예상할 수 있을 것이다. 직접 국물을 내 요리하는 생활을 즐긴다면 맨 처음 소개한 아이템들과 마찬가지로 위생적이고 지속적 활용이 가능한 다회성 천 제품을 추천한다. 제로 웨이스트 숍 어슬링에서 구입한 것으로 무형광, 무표백 원단으로 제작했다. 전북 정읍/광목 20수 면 맛국물 주머니는 끓이는 동안 유해 물질이나 미세 플라스틱 걱정을 할 필요 없이 진한 국물을 낼 수 있다. 천연 면 주머니는 팔팔 끓는 물에 한 번 삶아 사용하면 되며 사용 후에는 손세탁으로 잘 헹군 뒤 말리면 된다. 만약 색이 뱄다면 행주와 마찬가지로 과탄산소다를 약간 넣은 물에서 삶아 잘 말린다.

앞서 소개한 제품을 포함해 직물 특성상 '무형광'임을 강조하는 것은 천과 종이, 세제 등에 함유될 수 있는 형광증백제가 우리 몸에 유해하기 때문이다. 착시효과를 일으키는 형광염료의 성분이 제품을 하얗게 보이게 하는데 사실 하얗다고 무조건 청결한 것이 아니다. 피부질환이나 심한 경우 암 유발을 일으킬 수도 있는 위험한 물질이지만, 행주나 키친 타월, 휴지, 생리대에서 속옷이나 면봉까지 각종 생활 용품에 사용되는 경우가 있는 만큼 구입할 때는 꼭 '무형광'인지를 확인해보기 바란다.

유해물질 쏙 빼고 만든 재생 소비재

주방에서 가장 전천후로 활약하는 것이 키친 타월이다. 식재료의 수분, 음식의 기름기나 프라이팬의 이물질 제거는 기본이고 행주 대신 식기와 테이블을 닦으며, 가끔은 식재료를 싸 보관하기도 한다. 우리는 이미 많은 기사를 통해 일상 제품에도 '품질'의 문제로 인해 화학물질이 첨가되는 것을 알고 있었지만, 단지 항상 써온 주방 필수품이고 인체에 큰 유해함이 없어 보이며 누구나 사용하니 안심하며 사용했을 것이다. 게다가 키친 타월은 뜯어 쓰든 뽑아 쓰든 생각 없이 낭비할 수 있는 물건임에도 주의해야 한다.

기존 키친 타월의 유해 화학물질로 문제가 된 것은 형광증백제와 포름알데히드다. 형광증백제는 종이나 섬유를 희고 밝게 보이도록 하는 염료로 접촉 부위에 잘 묻어나는 것이 특징이다. 형광증백제는 내분비계 장애를 일으키는 물질로 간이나 신장 손상의 부작용이 있으며 아토피 등 피부 질환에도 영향을 미친다. 이 성분이 함유된 키친 타월에 닿은 음식물을 먹을 경우 체내로 흡수될 수도 있다. 유해성 탓에 과일, 채소 세척제 등 음식물 관련한 제품에는 넣을 수 없지만 '종이'로 분류되는 키친 타월의 경우는 별도 규제 없이 사용이 가능하다. 포름알데히드는 키친 타월의 내구성을 높이는 화학물질이며 마찬가지로 피부 질환 관련해 독성을 지닌다. 따라서 제품을 고를 때는 성분표부터 꼼꼼히 살피는 한편, 가급적 재생 원료를 활용하면서 유해성분은 없앤 친환경 제품을 선별해 구매하기를 권한다. 물론 키친 타월 대신 천 행주를 제대로 관리하며 사용하는 생활이 가장 바람직할 것이다.

몇 가지의 친환경 브랜드를 추천하자면 우선은 천연펄프 우유팩을 원료로 한 올프리 제품으로, 유해물질은 물론 인공 향료나 색소도 들어 있지 않다. 대나무 섬유 원단으로 만든 에코에그의 키친 타월(영국 브랜드, 국내 판매)은 따뜻한 물에 세척, 건조할 때 한 장을 80회 정도 재사용할 수 있다.

천연 밀랍을 면 천에 코팅해 만든
비즈왁스 용품

내가 배출하는 쓰레기를 모니터링 해보는 것도 제로 웨이스트 실천을 위해 중요하다. 분리수거를 해도 쓰레기 종류나 성분에 대해 확실히 모르는 경우가 허다한데, 대표적 물건은 단연 비닐이다. 조리할 때 아무 생각없이 뜯어 쓰는 비닐은 가정용과 업소용으로 나뉜다. 식품 포장용으로 사용된 폴리염화비닐 PVC는 기능 면을 인정받은 채 2019년 PVC 포장재 금지 정책 이후로도 '물기 있는 식품' 방담성: 잘 들러붙고 습기가 차지 않음 포장에는 허용된다. 시중에서는 품목 상관없이 사용되며 배달음식 포장재이기도 하다. 환경부 발표 이후 성능을 개선한 개량형 폴리에틸렌 랩이 출시되었다. 가정용으로 사용되는 PE랩은 PVC에 비해 재활용이 일반 랩의 제조 공정을 바꾸는 등의 방식으로 점착력과 방담성을 높인 제품 잘 되고 실제 재활용 대상 품목이며, 최근에는 대형마트에서도 개량형 PE랩을 사용 중이다. 단지 유해 플라스틱인 PVC든 재활용 대상으로 꼽히는 PE 소재든 소각이 필요한 일회성 비닐임은 같은 문제다.

매일 조리 음식과 식품 보관에 랩을 사용한다면 '밀랍랩'을 권한다. 꿀벌이 벌집을 짓는 재료인 천연 밀랍을 천에 입혀 접착과 발수 기능을 살린 재활용 제품으로 식재료를 쌀 때나 용기 뚜껑으로 두루 활용할 수 있다. 환경문제는 물론 환경호르몬 걱정도 없는 데다가 천연 밀랍이니 식품에 닿아도 상관없다. 특히 직장 생활을 하며 도시락을 챙기는 사람이라면 랩 사용 빈도가 더욱 높을 텐데, 이런 경우에도 요긴할 것이다. 국내에 밀랍랩을 처음 알린 브랜드는 다시쓰는그랩이다. 밀랍 랩 제품이 국내산 100% 무표백 광목면을 사용한다면, 최근에는 천 대신 매년 버려지는 제주 감귤과 인증 재생펄프로 만든 '감귤종이'를 이용한 브랜드 제품도 출시되었다. 밀랍 랩 사용에 익숙해진 사람은 사람은 음식 선물을 할 때 예쁜 패턴이 들어간 디자인 제품을 활용하기도 한다. 랩을 비롯해 다양하게 출시된 다양하게 출시된 응용 제품을 소개한다.

한편으로 최근 비즈왁스 못지않게 많이 사용하는 재료 중 하나가 식물성 소이왁스다. 콩에서 추출한 오일의 불순물을 완전히 제거한 뒤 압착해 만드는 천연 재료로, 추출 과정이 까다롭고 얻는 양도 적어 석유 부산물로 만든 인공 왁스^{파라핀}보다 비싼 편이다. 소이왁스는 홈 프래그런스 제품인 향초를 만드는 재료로 인기 높으며, 일반 왁스보다 50% 이상 연소 시간이 길고 그을음이 적으며 깨끗하게 연소된다.

플라스틱 랩과 일회용 비닐을 대체하는 다회용 천연 포장재. 다양한 활용이 가능하며 사용빈도와 관리에 따라 6개월 이상 사용 가능하다. 음식이 담긴 식기류를 뚜껑처럼 덮거나 식재료를 그대로 감싸 보관할 수도 있다. 포장하려는 식품또는 용기을 감싼 채 손의 온기로 몇 초간 지그시 눌러 모양을 잡아주면 천연 밀랍이 녹으면서 자연스럽게 고정되며, 처음 사용할 때 끈적임이 걸린다면 물에 한 번 씻은 뒤 사용하면 된다. 몇 가지 제약점은 있다. 밀랍의 녹는 점이 62℃여서 전자레인지나 오븐의 사용은 불가하고 생선 포장도 피해야 한다. 사용 후에는 찬물로 씻거나 세제로 문질러 씻은 뒤 말려 재사용한다. 코팅이 어느 정도 벗겨져 접착력이 떨어졌다고 생각될 때는 리페어 블록으로 직접 보수해 수명을 늘릴 수 있다.

덮개가 아닌 주머니 형태다. 작은 사이즈는 빵과 간식, 작은 과일과 채소 등의 식품과 소지품을 담기에 적합하며 큰 사이즈는 장을 보거나 여행지에서 챙겨 다니는 에코백으로도 요긴하다. 가방 속에 넣어 다니면서 빵이나 샌드위치 등의 음식을 테이크아웃할 때 활용해보는 것도 권한다.

랩을 만들거나 접착력 보수를 위한 전용 왁스

밀랍 랩 포장재를 만드는 기본 원료로 면 원단에 먹이면 쫀득한 접착 효과와 발수 기능을 지닌 다회용 랩이 완성된다. 전용 블록은 '식용 등급'의 천연 밀랍으로, 직접 만들고 싶은 이를 위해 유기농 천을 곁들인 D.I.Y. 패키지로 구입할 수도 있다.보통 허니 왁스 랩과 광목 천이 세트다 한편 기존에 사용하는 랩의 수명을 연장해주는 데에도 활용한다. 밀랍 랩의 접착력이 약해졌다고 생각될 때 블록으로 보수하면 더 오래 쓸 수 있다. 방법은 간단하다. 밀랍이 노화된 부분에 크레파스 칠을 하듯 제대로 문지른 다음, 위아래를 종이 포일로 꼼꼼히 덮고 다리미의 가장 낮은 온도로 살짝 다려준다.

밀랍 랩 제품에서 아이디어를 얻은 제품으로, 허니랩 브랜드는 사회환경교육지도사, 양봉업자 그리고 생태강사가 함께 만든 스타트업이다. 일반 롤 형태의 포장랩처럼 간편히 뜯어 쓰지만 밀랍 소재를 주로 해 천연소재로 만들었다. 천연 펄프에 밀랍과 송진, 코코넛오일을 도포한 제품은 방수력, 접착력과 항균력을 지녔고, 손으로 감싸는 온도에 의해 단단한 접착력이 생기는 것은 동일하다. 냉장, 냉동 보관에 유용하나 전자레인지, 프라이팬 등 열이 과한 상태에서는 사용할 수 없다. 뜯어 쓰는 허니랩은 앞서 소개한 밀랍 랩보다는 얇다.

롤 허니 랩

허니 블록으로 직접 새 랩을 만드는 경우 필요한 재료는 허니블록 1개(15~20g)와 광목 등의 자투리 면직물 그리고 평평한 프라이팬이다. 달군 프라이팬을 약불로 해 블록을 넣고, 밀랍이 녹기 시작하면 젓가락으로 팬 전체에 꼼꼼히 잘 묻힌다. 완전히 녹지 않은 상태에서 천을 반듯하게 편 채로 올려 담가 밀랍을 먹인다. 만약 밀랍이 잘 묻지 않은 부분이 있다면 덜 녹은 밀랍을 집어 살살 문질러준다. 마지막으로 불에서 내리고 신문지 등을 깐 건조대에 놓아 건조시킨다.

비닐봉지 제로를 실천하는 가방 속 필수 툴

비닐은 알다시피 플라스틱과 마찬가지로 잘 썩지 않고 수백 년 동안 그대로 남아 있어 환경에 나쁜 영향을 미치는 일회용품이지만, 우리나라는 1인당 연간 비닐 사용량 세계 2위. 지난 2019년 1월부터 대형마트와 대형 슈퍼마켓에서 비닐봉지 사용이 금지됐지만 여전히 주위에는 크고 작은 비닐봉지들이 넘쳐난다. 시장에서는 환경에 좋지 않다는 것을 알면서도 매번 대체품 없이 나섰다가 사용할 수밖에 없어 언제나 불편한 마음으로 받기도 한다.

다행히 몇 년 전부터 친환경 소비 문화가 확산되면서 비닐봉지를 재사용하거나 아예 대신하는 아이템을 이용하는 소비자가 많이 늘었다. 그물 모양의 다회용 천 쇼핑백은 물론이고 비닐백의 편리함을 갖추면서 환경호르몬이 배출되지 않는 실리콘백도 있고, 친환경 생분해성 비닐봉투도 있다. 그물처럼 촘촘한 구멍이 뚫린 종류는 통풍이 잘되고, 질기다. 특히 보기보다 내용물이 많이 들어가고 무엇보다 가볍고 들기도 편한 장점이 있다. 순면 소재에 그물이 짱짱한 종류를 고른다면 탄성이 좋아 오래 쓸 수 있으며, 집에서는 양파나 감자 등을 담아 보관하는 걸이식 주머니 용도로도 활용 가능하다.

장을 보려고 일부러 그물 형태 바구니를 구비해야 할 이유는 없다. 구입 물품을 따져 본 뒤 튼튼한 비닐봉투나 대형마트 쇼핑백_{유상 판매용으로 이마트, 이케아 등의 쇼핑백은 크고 튼튼하다} 등을 들고 가는 것이 사실 가장 흔한 모습이기도 하다. 중요한 것은 어떤 물건을 구매할지 미리 체크하고 이에 맞춰 담을 용기와 가방 종류를 챙기는 습관이다. 생선을 살 때는 집에 산처럼 쌓인 비닐봉지를 챙겨 가는 것처럼 말이다. 그물 장바구니도 이런 맥락에서 활용 빈도와 필요성을 따져보면 좋을 것이다.

사람들에게 인기를 모으고 있는 제품 중의 하나가 그물 모양의 장바구니다. 면 장바구니, 그물 장바구니, 친환경 네트백, 스트링 에코백, 프로듀스백 등 여러 이름으로 불리며 많은 제로 웨이스트 숍에서 쉽게 찾아볼 수 있는 종류다.

'주머니에 넣고 다닐 만큼 작고 가볍고 가방 안에 휴대하기도 편하며 내구성이 좋은 에코백.'

우리의 일상 에코백은 과할 정도로 다양해졌지만 소개한 문장만큼 확실한 철학을 갖춘 물건을 만나기는 쉽지 않다. 그런 의미에서 국내에서도 구입 가능한 업사이클링 에코백 브랜드를 소개한다. 뉴질랜드의 에코 브랜드 제로백Zerobag 2.0은 100% 인증 재활용 플라스틱 병Repet으로 만든 에코백이다. 2009년 플라스틱 오염 문제의 심각성으로 처음 만들기 시작했으며 재활용 낙하산을 소재로 이용한 '제로백 오리지널'은 뛰어난 내구성과 함께 초경량, 휴대폰 크기의 콤팩트함으로 주목받았다. 이후 낙하산 수급 등 여러 문제로 인해 오리지널과 같은 퀄리티의 새로운 제품을 구상했으며, 그 결과 1.5L 페트병 3개로 가방 1개가 완성되는 제로백 2.0을 생산하게 되었다. 50kg의 하중을 견딜 수 있는 포켓 사이즈 에코백은 세탁기에 넣고 빨 수도 있으며, 포장재마저 퇴비화가 가능해 완벽하게 친환경적이다. 다양한 컬러와 패턴을 디자인해 출시하는데 'Purple Rain'이라는 제품은 고인이 된 팝의 제왕 프린스Prince도 애용한 바 있다. 국내에서는 제로 웨이스트 숍 더피커에서 판매 중이며 홈페이지에서는 더욱 다양한 패턴의 제품을 구입할 수도 있다. 단지 브랜드 고유의 가치와는 별개로 현재는 국내에서도 충분히 만들 수 있는 아이템으로 볼 수 있으며, 튼튼하고 콤팩트한 에코백이 꼭 필요한 상황이 아니라면 굳이 사야할 이유는 없을 것이다. 그리고 또 한 가지. 만약 직구 형태로 구입한다면 이때 발생하는 탄소발자국은 각자가 충분히 고민해볼 문제다.

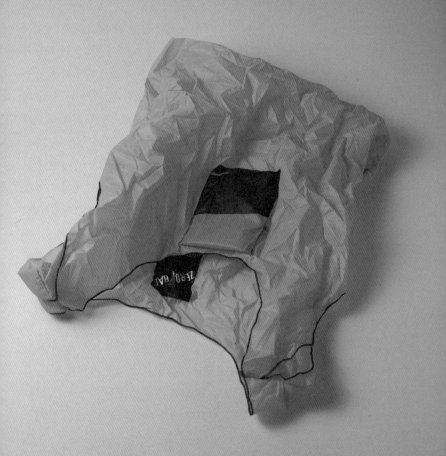

제로 웨이스트 캠페인이 본격적으로 알려지면서 가장 먼저 머스트 해브 아이템이 된 것이 텀블러와 에코백이다. 텀블러는 4년 여 전 SNS 상의 플라스틱 프리 챌린지를 계기로 누구나 지녀야 할 물건이 되었다. 그런데 한동안 필환경 제품으로 인기 높던 텀블러 사용에도 다양한 문제가 대두되었으니, 우선 수명에 관한 것으로 6개월~1년 이상을 사용하면 중금속이 나온다는 설이다. 그런데 이는 품질이 떨어지는 일부 제품에 해당한다는 의견도 많다. 알다시피 스테인리스 스틸은 '녹슬지 않는 강철'이어서 납 성분이 없고, 제대로 만든 진공 단열 스테인리스 텀블러는 관리만 잘 하면 오래 안전하게 사용 가능하다. 쓸수록 내부의 세균 증식이 커진다는 우려도 있는데, 이 또한 적정 시간 사용한 뒤 위생적인 관리만 잘 하면 문제가 없다. 또 한 가지. 유명 프랜차이즈 카페가 친환경을 강조하며 판매하는 텀블러의 경우 고무 패킹 등 주기적 교체가 필요한 소모성 부품은 팔지 않아 '그린 워싱위장 환경주의' 논란이 된 바 있다. 카페 굿즈를 좋아하는 2030 세대는 텀블러를 잇템으로 생각하고 몇 개씩 사모으기도 한다. 반면 몇몇 전문 브랜드 제품은 입구의 고무 패킹뚜껑이나 마개 패킹이나 음용구 부분이 분리되며 각 부품을 별도 판매하기도 한다. 깨끗이 세척할 수 있어 좋을 뿐더러 1년에 한 번씩 소모품만 교체해주면 오래 사용할 수 있으니 플라스틱 근절을 위한 고마운 제품임에 틀림없다.

물론 '하나만 있어도 충분하다'라는 제안에 담긴 의미는 충분히 이해하리라 생각한다. 텀블러가 여러 개라도 이들을 잘 활용한다면 문제는 없다. 가장 중요한 점은 자신의 라이프스타일에 맞는 텀블러를 찾고 쓰는 것이 아닐까 싶다. 운전을 하는 사람과 대중교통을 이용하며 텀블러를 가방에 넣는 사람, 사무실 전용으로 사용하는 사람 등, 용도와 취향에 맞는 한 품을 선택하되 가능하면 소모품 교체가 가능한 브랜드로 선택하기를 바란다.

텀블러 사용이 지구 환경오염에 실질적 도움이 되기 위해서는 생산 단계의 환경부담을 감안해, 하나의 제품을 최소 3~4년 이상 꾸준히 사용해야 할 것이다. 500회 이상 사용해야 비로소 제로 웨이스트 실천에 동참할 수 있음을 잊지 말자. 시즌 에디션 컬렉션은 필요 없다. 하나만 있으면 충분하다.

반영구 식품 용기, 조리 도구로 사용하는
친환경 실리콘 제품

실리콘 조리도구는 스텐 제품과 함께 '안전한 친환경 도구'로 인식된 지
오래고 여전히 인기 높다. 실리콘silicone은 원소명 규소Si를 원재료로 하며
산소와 반응을 하는 과정에서 실리콘 고무라는 독특한 고분자 화합물이
완성된다. 이후로 고무부터 수지, 젤, 오일 등의 다양한 형태로 가공되는데,
무독성을 포함한 인체 무해성을 지닐 뿐만 아니라 내열성, 신축성 등의
고유 특성으로 인해 각종 생활 용품 제작에 쓰이고 있다. 특성을 간략하게
살펴보자면 우선 가장 큰 장점은 무해성이다. 화학물질이나 환경호르몬이
나오지 않아 친환경 물질로 분류된다. 입에 닿거나 몸 속에 들어가도 건강에
영향을 미치지 않는다. 내열성과 내한성도 뛰어나 초저온부터 300℃의
고온까지 성질을 유지한다. 따라서 웬만한 조리 열을 모두 견딜 수 있고, 삶은
뒤 재사용할 수 있어 위생적이다. 신축성이 뛰어난 것도 특징으로 온도나
충격에 따라 쉽게 외형이 변형되지 않고 다른 도구를 마모시킬 우려가 없다.

물론 모든 소재에 장점만 있는 것은 아니므로, 오래 사용할 실리콘 제품을 고를 때에도 꼼꼼한 체크가 필요하다. 우선 100% 실리콘인가, 실리콘 함유 제품인가를 확인한다. 이는 내열 온도와 관련이 있다. 250℃까지 견딜 수 있는 제품이 있는가 하면, 플라스틱 수지 합성 제품은 온도가 100~150℃로 훨씬 낮아 상대적으로 사용 기간이 짧아질 수 있다. 뒤집개와 같이 안쪽으로 스텐 소재의 뼈대가 들어가고 실리콘이 이를 감싸주는 제품은 내구성을 더욱 높여주며, 이런 경우 실리콘 두께가 얇게 만들어진 것이 기능성도 좋다. 아울러 항균력이나 세척의 용이성 등도 확인해보면 도움될 것이다. 실리콘 소재의 주방 제품 중 대표적인 몇 가지를 소개한다. ·내용 참조. 달려라김주부 blog.naver.com/ssicosss

행주처럼 빨아쓰는 다용도 봉투

순면, 대나무, 수세미, 천연 라텍스생고무 등의 천연 제품들과 마찬가지로 실리콘 역시 제조나 사용 시 화학 물질이나 환경호르몬이 나오지 않아 친환경 제품으로 분류되는 만큼 용기와 랩, 빨대 등의 다양한 주방 용품에 사용된다. 기존에 많이 봐온 도구들과 달리 '봉지' 형태이자 기능을 갖춘 제품을 소개한다.

실리콘 소재의 식재료 보관 주머니로 튼튼하게 여러 번, 다용도로 사용할 수 있는 봉지는 주머니와 입구를 묶는 실리콘 끈이 한 세트로 구성되었다. 과일이나 야채를 담은 뒤 케이블 타이와 같은 원리인 끈으로 입구를 조여 냉장고에 보관한다. 꽤 도톰한 편이어서 일반 비닐봉지처럼 사용하기에 조금 힘들 수도 있지만 몇 번 써보면 곧 익숙해진다. 실리콘 봉지는 소재가 얇지 않아 물에 강하고, 설거지 바나 소프넛 용액으로 봉지를 헹구고 세척한 뒤 잘 말려 재사용한다. 물론 식재료를 보관할 때도 재료를 교체할 때 한 번씩 삶아주면 위생적이다. 단 양념 등이 묻었을 때 색이 잘 빠지지 않으므로 양념한 재료를 보관하기에는 적합하지 않을 것이다.

다회용 실리콘 봉지

실리콘 봉지를 만든 브랜드의 또 다른 의도는 음식물 쓰레기의 처리에 있다. 지자체마다 차이가 있으나 음식물만 배출해야 하는 지역에서는 주로 일회용 비닐봉지를 사용하기 때문이다. 내 생활에 가장 적합한 용도로 사용해보자.

점심 한 끼, 포장 용기 대신 전용 용기에 담기

포일로 싼 김밥 한 줄, 편의점 도시락도 튼실하겠지만 식단 조절이나 경제성 등 다양한 이유에서 도시락을 싸는 사람이 늘었다. 이런 이유로 매일 사용할 도시락통을 찾는다면 실리콘 용기를 추천한다. 플래티넘 실리콘^{백금촉매 실리콘} 재질인 주방 도구는 친환경적 부분에서 여전히 주목받고 있으며, 도시락통 이나 식재료 밀폐 보관 용기의 형태로 다양하게 출시된다. 브랜드가 다양하 지만 현재 실리콘 제품만 전문적으로 생산하는 국내 브랜드라면 믿을 만하 다. 사진으로 소개한 도시락통은 가볍고 부드러운 소재로 전자레인지나 끓 는 물에도 사용이 가능한 재질이다. 추천 이유는 기존에 없던 '컴팩트함'이 며, 실리콘 소재 특유의 유연성을 살려 접고 펴는 기능을 갖춘 것이 특징이 다. 공간을 넓혀 도시락을 싸고, 음식을 비운 후에는 얇게 접어 백에 넣을 수 있다. 한편으로 냉장고나 수납장 속에 쌓인 수많은 밀폐 용기도 새로운 활용 법을 찾아주면 좋을 것 같다. 버리는 대신 장 볼 때의 용기로 적극 활용한다. 락앤락은 '러브 포 플래닛'이라는 자원순환 캠페인을 펼치고 있으며, 낡은 플라스틱 밀폐 용기나 텀블러 등을 수거해 향후 다양한 형태의 제품으로 재 탄생시킬 계획이다.

실리만의 오그리다 제품의 경우 뚜껑은 PP 재질이다. 일반 플라스틱보다 열에 강하기는 하나 전자 레인지에 도시락통을 넣고 데울 때는 뚜껑을 분리한 뒤 사용하는 것이 좋다.

플라스틱 프리 실천과 함께 가장 먼저 이슈가 된 것이 일회용 빨대다. 인체에 무해한 스테인리스 스틸 소재가 첫 선을 보인 이후로 최근 몇 년간 다양한 소재의 제품이 출시되고 있다. 이들의 특징을 짧게 소개한다. 종이 빨대는 스타벅스의 친환경 빨대로 유명하지만 재사용은 불가능하고 종이 맛이 느껴진다는 평이 있다. 스테인리스 스틸 빨대는 확실히 오래 사용할 수 있는 소재이지만 고유의 딱딱하고 차가운 성질 때문에 음료를 넘길 때 제맛을 느끼지 못할 수도 있다. 실리콘 빨대는 삶아 사용할 수가 있어 세척의 번거로움만 감안한다면 반영구적으로 사용할 수 있다. 이외에도 풀, 옥수수, 쌀, 대나무, 커피 찌꺼기 등 플라스틱 대체 빨대의 종류는 계속해서 느는 중이다. 텀블러 사용을 생활화한다면 빨대 역시 필요 없는 물건이다. 유아, 또는 몸이 불편한 환자분 이외에는 '안 받고 안 쓰는' 운동에 동참했으면 한다.

실리콘은 모래에서 추출해 만든 환경친화적 소재로 화학물질 무첨가된 플래티넘 실리콘은 인체에 무해하고 열에 강해 각종 조리 틀이나 베이킹 용품, 전자레인지와 오븐 용기 등에 사용된다. 실리콘 생활 용품은 조리도구가 대표적인 한편으로 아이들에게 안전한 키즈 제품군 또한 선호 대상이다. 국내에서도 직접 실리콘 제품을 생산, 판매하는 브랜드가 늘고 있는데, 그중 디자인과 기능성을 인정받아 입소문난 아이템을 소개한다.

유아 전용 실리콘 용품 브랜드인 이크eeeek는 실리콘 빨대, 약병으로 텀블벅 펀드에 성공한 뒤 꾸준히 실리콘 용품 제작에만 몰두하는 국내 브랜드이다. 리유저블 투약병은 매년 버려지는 수백만 개의 플라스틱 투약병을 대체하는 획기적인 제품으로 열탕 소독을 하면서 청결하게 재사용할 수 있다. 또 하나의 대표 제품인 '스토리몰드'는 다양한 컨셉을 지닌 얼음 틀이다. 4구로 된 틀은 잘라 이용할 수 있으며, 얼음 뿐만이 아니라 베이킹, 초콜릿, 비누, 석고 만들기 등의 용도로 사용할 수 있다. 공룡 이외에 여러 가지 디자인 시리즈를 구입할 수 있다.

유아용 실리콘 용품

몇 가지 관리상의 주의점이 있다. 실리콘 제품을 소독할 때는 끓는 물에 집게로 집어 5~10초 정도 담가주되 제품이 바닥에 닿지 않도록 한다. 물 성분에 따른 잔류물(칼슘, 마그네슘, 미네랄)에 따라 흰 가루가 생길 수 있는데, 이는 몸에 해롭지 않으므로 잘 닦아 사용하면 된다. 냄새를 흡착하는 성질로 인해 약통 냄새가 배는 경우에는 통풍이 잘 되는 햇볕에서 말려주면 해결된다.

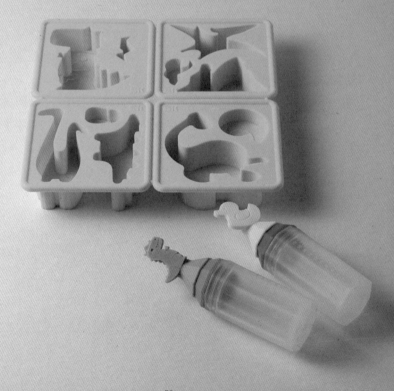

안전하고 청결한 천연 라텍스

가사일로 고무장갑을 자주 사용하는 사람이라면 그닥 싸지도 않은 생필품을 왜 자꾸 새것으로 교체하는 지에 공감이 갈 것이다. 우선 직접 물이 닿지 않는 장갑 안쪽은 습기로 인해 세균 번식이 쉬워 오래 사용하면 피부염이나 식중독의 우려가 발생한다. 청소, 설거지, 조리 등의 다양한 용도에 하나의 장갑을 쓰는 것도 위생적이지 않고, 얼마간 사용하다 보면 표면에 색이 배는 경우도 많다. 따라서 쓰레기 배출을 줄여야 함에도 고무장갑만큼은 자주 쓰는 경우 한 달에 한 번 정도 바꿔줘야 청결을 위해 좋다는 인식이 높다.

그러면 어떤 제품을 선택하는 것이 좋을까? 첫째는 흙으로 분해되는 천연 소재, 즉 100% 천연 생고무라는 친환경성을 지닌 제품의 선택이다. 둘째, 100% 천연 라텍스라면 장갑을 끼고 식재료를 손질할 때 환경호르몬이 발생하지 않아 안전하다. 또 한두 번 사용한 뒤 찢어지는 경우가 있는데, 최대한의 수명을 지키려면 얇아도 튼튼한 내구성 또한 필수다. 한편으로 국내 고무장갑 브랜드 고무장갑연구소의 경우는 플라스틱 프리의 실천을 위해 환경보호에 동참하고 있다. 소비자가 원하는 경우 낱개 장갑의 비닐봉투를 사용하지 않고 재활용 종이박스에 넣어 배송하는 것이다. 대부분의 제로 웨이스트 숍에서 판매하는 고무장갑 역시 포장 비닐 없이 구매할 수 있다.

라텍스 고무장갑

천연 라텍스는 고무 나무와 같은 식물체에서 얻어진다. 이는 천연 단백질층에 싸인 천연 고무 입자가 물 속에 떠 있는 상태의 액체이며, 천연 고무를 포함해 녹말, 당류, 알칼로이드 등 다양한 물질의 혼합체다. 천연 라텍스를 정제 가공하여 수액을 굳히면 천연 고무가 된다. 천연 라텍스, 또는 천연 고무는 자연친화적이라고 알려졌으며 합성 고무 대신 신체와 접촉하는 제품(베개와 매트리스, 고무 장갑, 젖병, 콘돔 등)에 사용된다. 단 라텍스 안에 든 성분에 의해 알러지 반응이 나타날 수도 있다.

점심 도시락이나 간단한 간식을 챙겨 다니는 일상인 사람에게 추천할 만한 아이템이다. 보온보냉 도시락 기능을 갖춘 백으로, 계절에 따른 적절한 온도 유지 기능과 함께 디자인 백으로서의 개성도 갖췄다. 히어메이드의 도시락 가방을 제로 웨이스트 제품으로 소개하는 이유는 기본 기능과 수명, 제작 공정 전반에 대해 환경적 문제로 접근한 제품이기 때문이다. 고밀도 폴리에틸렌 섬유를 이용한 타이벡Tyvek 원단은 이후 플라스틱으로 재활용이 가능하며, 연소했을 때도 물과 이산화탄소로 분해된다. 고밀도 PE 원단인 만큼 내구성과 생활 방수성도 뛰어나다. 여기에 재생 펄프 코팅을 거쳐 튼튼함을 한층 보강했으며, 매립 시 유해한 물질이 토양에 유출되지 않아 오래 사용하고 안전하게 폐기할 수 있다.

타이벡(Tyvek)은 미국 듀폰(Dupont)사가 개발한 합성 소재로 고밀도 폴리에틸렌(HDPE)에 열과
압력을 가해 기능성 원단을 만든다. 가볍고 불에 잘 타지 않으며 화학물질에 내성이 강한 점이 특
징이며, 내구성과 생활 방수성도 좋아 친환경 패션 제품을 만들 때도 두루 사용된다.

개인 수저나 빨대를 챙겨 다니기 위한 전용 주머니

굳이 긴 설명이 필요 없는 물건이다. 도시락을 싸는 사람이라면 수저도 함께 챙기기 마련이고, 가끔 사무실에서 식사를 배달해 먹는 경우에도 일회용 수저, 포크 덜 받기 캠페인에 동참하려면 개인 수저를 갖추는 것이 훨씬 편리하다. 사진 이미지는 플라스틱 프리 페어에서 구입한 것으로, 제로 웨이스트 숍에서도 주머니나 케이스 형태의 리넨 제품을 다양하게 판매한다. 사실 수저 케이스는 사서 쓰지 않아도 자투리 천과 간단한 손바느질 기술만 있으면 누구나 만들 수 있다.

천연 나뭇잎을 말려 만든 친환경 식기

올해 말 환경부에서는 포장재나 생분해성 수지 중 1회용 제품을 친환경 인증에서 제외하기로 했다. 생분해성 수지 제품도 1회용으로 사용된다면 1회용품의 대안이 아니라 규제 대상에 포함된다는 것으로, 이는 처리에 대한 실효성이 낮기 때문이다. 따라서 미리 설명했듯 이번 책에서는 퇴비화의 시기가 불분명한 생분해 플라스틱 제품을 다루지 않았으며, 대신 일회용 플라스틱 그릇을 대체할 수 있는 생분해성 그릇을 소개한다. 나무를 베지 않고 떨어진 야자수잎을 수거해 만드는 볼은 퇴비화 테스트를 거쳤으며 베트남 야자수잎으로 베트남에서 만든다. 이렇게 완성한 볼 형태의 식기는 천연 나뭇잎 특성상 색과 패턴, 크기가 조금씩 다르다. 파티나 캠핑 등의 자리에서 사용하기 좋으며 전자레인지나 오븐에 넣어 조리할 수도 있다. 또 화학적 코팅을 하지 않은 자연방수 제품으로 우유를 담은 시리얼 볼, 소스 볼 등으로 사용 가능한 것이 특징이다. 제조사는 서울시 우수 사회적기업으로 야자수잎은 물론 해초, 라탄, 조개껍질 등 다양한 자연분해 소재를 이용해 생활소품을 제작하며, 친환경의 불편함 감수 대신 '아름다운 물건이 친환경으로 이어지는' 소비자의 라이프스타일을 추구한다.

<u>사는 곳</u> 마포구 성산동

<u>직업</u> 요리사

<u>가족 구성원</u> 반려인, 반려묘 2命

<u>제로 웨이스트 활동 연차</u> 9년

<u>제로 웨이스트 비율</u> 70%

예전에는 제로 웨이스트의 관점에서 식재료를 구입했는데, 2021년부터는 먹거리 안전에 대한 부분 때문에 유기농의 가치가 조금 더 중요해졌어요. 그래서 생협을 이용하고, 기회가 되면 마르쉐 장터에서 무포장으로 구입하려고 노력하고 있지만 일상적으로 구매할 수 없기 때문에 어렵죠. 어떻게 하면 식재료도 무포장으로 넘어갈 수 있을까? 이 부분이 앞으로 저의 숙제에요.

그 외의 부분은 거의 쓰레기를 만들지 않고 있습니다. 100에서 의식주를 동일 비율로 나눈다면 '식' 30%를 지키지 못하는 것 같아 제로 웨이스트 비율은 70%라고 생각합니다.

자기 소개를 부탁드려요

서대문구에서 비건 요리와 무포장 소분 매장을 겸한 작은 비건 식당, 지구커리를 운영하고 있습니다. 쓰레기와 관련된 교육과 워크샵을 진행하며 최근에는 유어보틀위크 매장에도 참여했습니다.

쓰레기에 관심을 가진 계기는

대학을 졸업한 후 한 회사에서 인턴 생활을 했는데 정말 맞지 않아 그만뒀어요. 동물문제와 환경문제에 평소 관심이 많았고 가슴 뛰는 삶을 살고 싶다고 생각하던 중에 생태 강사로 일해보지 않겠냐는 좋은 제안을 받았어요. 정말 사명감을 갖고 일을 했었죠. 10년 전 생태강사로 활동하면서부터 내가 '생태감수성'이 있는 사람이라는 것을 조금씩 깨달았어요. 쓰레기 줄이는 활동이 필요하다고 생각했고, 한번에 버려지는 것들이 싫어 텀블러를 쓰기 시작했어요. '일회용 쓰레기를 줄여야 해, 제로 웨이스트 활동을 해야지!'보다는 '낭비되는 것들이 싫어서' 하나씩 바꿔 나간 거죠.

제로 웨이스트 실천까지 걸린 시간은

시작하고 5년 정도 걸렸습니다. 아이들 환경교육을 하는 생태강사로 일하던 중 일회성 교육으로는 변화가 어렵다는 한계에 부딪혀 그만두게 되었어요. 그때 사회복지사 일을 제안받아 생활복지시설에 사는 학생들에게 생태감수성을 길러주는 생활지도를 하게 되었죠. 아이들과 함께 살면서 밥상교육부터 화장지 사용 교육, 환경영화 함께 보기 등 밀접한 활동을 함께 하다 보니 나 자신도 자연스럽게 생활화된 것 같아요. 아이들을 교육하면서 제가 일회용 제품을 쓸 수는 없으니까요.

실천 과정에서 불편함은 없었는지

제 경우엔 먹는 것에 대한 불편함입니다. 일상에서 유기농 식자재를 구매할 수 있는 곳은 생협이지만 이미 패킹이 되어 있고, 시장에서 무포장으로 구매하자니 비닐멀칭을 해 키운 것이 대부분이고, 가장 좋은 방법은 마르쉐 구매인데 요즘은 자주 열리지 않아요. 유기농을 무포장으로 구하기 어렵다는 부분이 가장 불편하면서도 딜레마인 것 같아요. 한편으로 퍼머컬처를 배우다 보니 도시에 살면서 '똥'을 해결하지 못하면 진정한 생태적인 삶은 어렵다고 느꼈어요. 엄청난 인구가 도시에 밀집해 살면서 똑같이 변기를 내리고, 이 오물들은 어딘가로 모이겠죠? 언젠가는 이 부분까지 드러내 이야기할 필요가 있다고 봅니다.

현재의 나는 제로 웨이스트러인가

2017년 인스타그램을 통해 제로 웨이스트를 알게 되었는데, 순간 참 대단한 단어라고 생각했어요. 그리고 단어를 접한 뒤부터 내가 제로 웨이스트를 하고 있다는 사실과 함께 방법, 의미를 좀 더 체계적으로 이해하게 되었고요. 단지 요즘 느끼는 것은 도시에 살면서 진정한 의미의 제로 웨이스트를 실천하는 것은 어렵다는 사실입니다. 만약 도시에 살면서 이상을 실천할 수 있다면 그건 우리가 운이 좋아 성공한 것이지 남들에게도 따라하라고 일반화시키기는 어렵겠다는 생각이 들어요. 그러니 도시에서 제로 웨이스트를 하는 것은 근시안적인 성공이라고 보지만, 이렇게나마 조금씩 제로 웨이스트러의 비율이 느는 현실은 긍정적입니다. 하지만 저조차도 구입할 때 포장재만 없을 뿐이지 음식물쓰레기나 화장실(대소변) 문제를 해결하지 못했어요. 도시에서 모든 것을 얻고 누리면서 이상까지 실현시키는 일은 거의 불가능에 가깝다고 봐요. 그래서 궁극적으로는 도시를 떠나야 진정한 의미의 제로 웨이스트를 실천하며 살 수 있다고 봐요. 결론은, 현재의 저는 제로 웨이스트러라고 생각하지 않아요. 어떻게 제로를 하겠어요? 제로를 지향하고 있을 뿐이죠. 그렇기 때문에 완벽하게 지켜낼 수는 없지만 '지향점을 향해 가는 중이다' 정도로 말할 수 있을 것 같아요.

내가 아직 포기하지 못한 것은

생협에서 장보기. '제로 웨이스트'냐 '유기농'이냐의 선택 기준이죠. 식당을 하다 보니 사람들이 많이 오고 그만큼 식재료를 많이 사야 하잖아요. 근처 전통시장에 가면 무포장으로 살 수는 있지만 저희 식당을 찾는 분들은 유기농의 가치를 원하시니, 스스로 딜레마가 생깁니다. 유기농에 무포장이 있으면 참 좋을 텐데 말이죠. 대규모로 식당을 운영하는 강남 쪽 다이닝 레스토랑이나 미슐랭 레스토랑은 유기농 식자재를 밭째 구매하기도 하는 것 같아요. 저희는 작은 규모의 식당이라 쉽지 않지만, 어쨌든 식당 운영이 굉장히 양심적이어야 하는 직업이란 생각이 들어요.

실천하면서 생긴 구체적인 일상의 변화는

결국 사회가 많은 쓰레기를 만들어 내는 데 일조하지 않으려면 적게 벌고 적게 쓰며 살아야 한다고 생각해요. 자본주의 사회에서 기업이 물건을 계속해 만들어 내고 소비자는 물건이나 경험을 사는 것일 수 있는데, 무언가가 많이 일어나면

쓰레기가 많이 나올 수밖에 없어요. 그러니 적게 벌고 적게 일하면서 조금 더 행복하게 사는 삶을 지향합니다. 이를 위해서는 아프지 말아야겠다는 생각을 해요. 스트레스 요인을 없애는 것도 방법입니다. 예를 들어 사람이 많거나 지하로 들어가는 대중교통을 타는 것이 큰 스트레스인 저는, 되도록 살고 있는 지역 내에서 자전거를 타거나 도보로 움직일 수 있는 거리 내에서 일자리를 구해요. 물론 지구꺼리도 자전거로 이동할 수 있는 가까운 거리에서 매장을 운영한답니다.

사람들이 제로 웨이스트를 실천하는 것을 어려워하거나 비용이 많이 든다고 생각하는 것은 삶이 아니라 옵션으로 생각하기 때문인 것 같아요. 저는 지향점이 삶과 일치하기 때문에 특별히 어렵다는 생각이나 의문이 들지 않아요. 가령 배달음식을 시켜 먹으면 플라스틱을 닦아야 하고 집에 쌓아두었다가 배출일에 버려야 하는데 이게 더 힘든 거예요. 그냥 용기만 가져가면 되는 건데 말이죠. 편한 것에서 멀어지려고 의식적으로 노력하다 보니 현재의 일상이 가능해졌어요.

제로 웨이스트를 실천하기 위해 플라스틱 용기를 친환경 용기로 모두 바꿔야 한다? 이런 '옵션 개념'으로 접근한다면 실제로 비용이 더 많이 들 수 있어요. 우선 쓸만한 것들은 계속해서 사용하고, 쓰임이 다 했을 때 하나씩 바꿔가는 것이 맞아요. 시간이 필요한 일이죠.

제로 웨이스트를 한마디로 정의한다면
'잃어버린 연결을 찾아가는 작업'이 아닐까요. 우리 삶에는 보이지 않지만 많은 것들이 순환되고 연결되어 있는데, 제로 웨이스트는 그것을 다시 회복하는 과정이라고 생각해요. 저 또한 비이상적인 도시에 살면서 제로 웨이스트를 한다고 말하기 부끄러울 때가 많지만 잃어버린 연결을 찾아가는 작업을 나름의 방식으로 해나가는 것 같습니다.

제로 웨이스트를 실천하는 노하우가 있다면

자신의 제로 웨이스트 가치관에 대해 고민해보고 질문을 던져줄 책과 영화가 도움됩니다. 사실 우리는 제로 웨이스트 물건을 구매하는 것보다 더 많은 영역에서의 실천이 가능해요. 환경, 생태와 관련한 다양한 책과 영화를 통해 내 문제와 고민을 들여다볼 수 있고, 이런 사고 과정을 통해 가치관을 정립하면 더 쉽게 제로 웨이스트를 실천해나갈 수 있어요. 가령 제로 웨이스트 숍을 가더라도, 순간적으로 나를 유혹하는 수많은 물건이 있을 때 자신의 가치관이 정립되어 있으면 내가 해야 할 몫만 하고 나올 수 있는 거죠. 제품 사용 팁이라면, 남들이 버린 배달용기를 사용합니다. 튼튼하게 만들어진 플라스틱 배달용기를 한번만 쓰고 버린다는 것이 너무 아깝거든요. 이런 배달용기는 시장 과자를 사 담기도 하고 음식점에서 용기 낼 때, 또 소분 용기로도 사용하기 편해요. 손수건은 손을 닦는 용도 외에도 빵 같은 마른 음식이나 야채를 포장하기에 좋아요. 소창 휴지는 와이프스라고도 하는데 한 겹짜리 얇은 소창이 작게 잘라진 형태에요. 저는 저렴하고 마감이 좋은 제품을 구매해 사용하는데 가게에서는 냅킨 대용으로 사용하고, 집에서는 화장실에서 소변 휴지 대용으로 사용해요. 소변을 소창으로 닦은 후 손 닦을 때 바로 빨아 넣어두면 금방 말라요. 이렇게 하는 데는 여러가지 이유가 있어요. 제로 웨이스트 개념 외에도, 휴지의 나쁜 성분이 몸에 닿지 않게 한다는 점도 좋거든요.

제품을 구입할 때의 선택 기준은

30년 후, 즉 내 나이 60세가 되어서도 사용할 수 있을지를 살펴요. 물건을 꼭 사야 한다면 중고 제품이 1순위고 그 다음은 자연소재의 것들이에요. 기호품인 경우면 3개월 정도 고민해본 다음, 사야겠다는 마음이 그대로면 구입합니다.

꼭 제로 웨이스트가 되었으면 하는 제품은

이 역시 식재료예요. 좋은 유기농 식재료들을 무포장으로 구매할 수 있으면 좋겠어요. 제 생활에서 '식'이 차지하는 비율이 큰데, 질 좋은 식재료를 포장재 없이 구매하기 어려워 어쩔 수 없이 구입할 때마다 쓰레기를 만들고 있거든요. 당일 출하 당일 판매가 아니라 몇 일 동안 유통을 해야 하는데 선도가 많이 떨어지겠죠. 생산자도 그것을 원치 않고, 판매처에서도 선도가 떨어진 제품은 할인 판매를 해야 하다 보니 선택이 어렵겠고요. 마르쉐 같은 장터가 매주 열리거나 하면 참 좋겠는데, 법제화 등 더 많은 고민들이 필요한 것 같아요. 그리고 재래시장에서 국내산 두부를 무포장으로 구매할 수 있는데요. 국내산이면 되는 걸까? 두부를 만들면서 소포제나 유화제는 쓰이지 않았을까? 묻고 싶어요. '유기농'이라고 판매를 하는 것들도 가끔은 의문이 들지만 믿고 사는 것과 같은 맥락인 것 같아요.

용기를 지참하고 방문하는 분들께 드릴 팁이 있다면

우선 용기는 크고 가벼운 것이 좋고, 입구가 넓어야 담아드릴 때 좋아요. 굳이 좋은 용기를 쓰는 대신 재사용품도 굉장히 좋다고 생각합니다. 콩이나 쌀을 담았던 지퍼백이나 배달 용기를 다시 사용하는 것도 좋죠. 일부러 번듯한 용기, 예쁜 것을 살 필요는 없어요. 단지 플라스틱의 환경호르몬이 싫어 제로 웨이스트를 하시는 분들도 있기 때문에 이 부분은 자신의 가치관에 맞게 선택하면 될 것 같아요. 소스류는 시판 토마토 소스 용기같이 입구가 넓은 유리병 형태가 좋아요. 입구가 좁은 호리병은 포장 용기로는 적합하지 않더라고요.

용기 포장을 번거롭게 생각하는 분도 있습니다. 배달보다 포장이 가져올 이점에 대해 생각해 본 적이 있는지

저희 엄마의 팁을 빌리자면, 사람이 드나드는 매장이라야 위생을 유지할 수 있다는 생각이 확고해서 홀이 없는 매장을 잘 믿지 못하세요. 그래서 첫째 배달음식점의 위생에 대한 불확실성이 있고, 둘째 식당에 방문해 얼굴을 보면 어떤 느낌으로 음식을 만드는지 알 수 있어 믿을 수 있다는 이점이 있어요. 농부 직거래로 농산물을 사는 것과 같은 이치죠. 농부의 얼굴을 보고 이야기를 나눠보면 그 사람이 어떤 가치관으로 농산물을 생산하는지를 아는 것과 같은 거예요. 셋째는 먹고 난 뒤 배달 플라스틱 용기를 하나하나 닦고 치우는 일이 너무나 싫고 귀찮은 일인데 그럴 필요가 없고, 또 분리수거를 하지 않아도 되니 편하고요.

내가 꿈꾸는 제로 웨이스트의 미래는

피곤해도 배달음식 안 시켜 먹으려 힘들게
요리를 다 했는데, 식자재 포장재의
양이 배달음식을 시킨 것과 같을 때면
정말 현타가 와요. 생협에서 식자재를

무포장으로 구매하게 되었으면 좋겠고,
농부장터가 일주일에 한번 집 근처에서
열려 무포장 장보기가 가능했으면
좋겠어요. 이런 부분은 지자체와 정부에서
적극적으로 나서야 한다고 생각합니다.

Lifestyle

지속가능한
삶의 실천을 위한
거실·침실·욕실·작업실의
기능성 제품들

plastic episode 1:

지속가능한 삶의 실천에 도움 되는 플라스틱 새활용 제품

생산에 1초, 소비에 5분, 분해에 500년. 우리가 가장 많이 소비하는 자원, 플라스틱을 대표하는 수식어다. 기후위기 현실에 있어 플라스틱 쓰레기의 심각성이 지속적으로 거론되고 세계가 분리수거 실천에 노력한다 해도 현재까지 재활용률과 처리 방법에는 한계가 있다. 플라스틱 탄생과 함께 한 세기 동안 편리함을 누려온 지구인이 바다 곳곳에 플라스틱 섬을 만들 정도로 엄청나게 사용하고 버린 쓰레기 때문이다.

우리나라는 어떤가. '가능한 한 쓰레기를 줄이고 재활용률을 높이는 면'에 있어, 수거에 철저한 나라들의 수준을 따라가지 못한다. 작년 말2021년의 뉴스를 보면 한국인 1인당 플라스틱 쓰레기 배출량이 미국, 영국에 이어 세계 3위로 등극한 바 있다. 물론 여기에는 지난 2년간의 코로나 사태도 연간 88kg 정도이며 세계의 평균은 45kg 정도이다 한몫했을 것이다. 게다가 작년 한 해 국내 1인 가구 독립자 수는 49만 명에 이른다 뛰어난 배달 시스템을 인정받는 만큼 각 가정의 일회용품 쓰레기 또한 어마어마하게 증가했다. 이 시기 동안 각종 배달 음식 플라스틱 용기를 제대로 닦아 분리배출한 가구는 과연 얼마나 될까. 일회용 플라스틱 용기가 환경에 미치는 유해함을 함께 줄이고 싶다면 다 먹은 용기를 닦아 분리배출하는 수고로움 대신, 번거롭더라도 내 용기를 들고 직접 찾아가 테이크아웃하는 습관을 길러보자. 한편으로 배달 용기 중 음식물에 의해 착색된 종류는 재활용이 불가능하므로 일반 쓰레기 봉투에 버려야 한다.

물론 국내 업체와 크리에이터의 노력으로 인해 '폐플라스틱의 재활용또는 새활용' 시장도 급격한 성장을 보인다. 페트병을 가공해 뽑은 원사로 제품을 만들거나 바이오 플라스틱 기술을 도용한 제품이 상용화되었고, 이와 함께 시민의 참여로 작은 재생 플라스틱을 따로 수집하고 재활용해 새로운 가치를 만드는 브랜드와 제품도 늘고 있다. 이들은 재활용 플라스틱의 사출을 더 많은 사람 공유하고 참여까지 이어지는 데에 '책임감'을 느끼고, 다양한 제품을 선보인다. 우리의 삶을 편리하게 만드는 플라스틱이 미래 환경의 위협이 되는 시대. 언제 닥칠지 모르는 플라스틱 팬데믹을 겪지 않도록, 소비자 입장에서 눈여겨볼 대표 아이템 몇 가지를 소개해본다. 플라스틱 업사이클링 활동가들이 저마다의 지속가능 철학과 방식으로 창조하는 디자인 제품이다.

쓰레기 분리 수거에 관심을 가질수록 이들의 폐기에 대한, 만족스럽지 못한 사실들을 접하게 된다. 우리가 노력하는 만큼 재활용이 이뤄지고 있는지 궁금하다. 그중 하나인 '작은 플라스틱'은 재활용이 힘든 종류다. 분리 배출된 플라스틱은 세부 재질과 종류에 따라 나뉜 뒤 재활용 과정을 거치지만 '작은 플라스틱'은 선별 공정에서의 분리가 어렵기 때문이다. 이들은 어떤 과정으로 새 기능을 얻을까?

서울환경연합 프로젝트의 일환인 플라스틱방앗간은 국내에 플라스틱 작업 공간이 확산되도록 돕는 캠페인이자 오프 플랫폼이다. 방앗간의 참새클럽에 가입한 뒤 수집한 병뚜껑을 가져가면 이들은 재질, 컬러별로 분류되고 분쇄, 가공, 재성형된다. 모두 수작업을 거친 다음 업사이클링 제품으로 재탄생하는 것이다. 특히 분쇄한 병뚜껑 가루를 알루미늄 틀에 채워 열전사기에 녹이고 오랜 시간동안 눌러 굳히면 튼튼하고 개성적인 재활용 플라스틱 판재가 만들어지는데, 이를 목재 합판이나 아크릴같이 중간재로 활용 가능하다. 대표적인 제품이 '구멍떡판과 조랭꼬치'다. 책상, 신발장 등에 올려두기 좋은 구멍떡판 판재에 액자꼬치, 조랭꼬치를 이용해 자유자재로 정리 공간을 만들 수 있는 디자인으로 플라스틱 이외의 재질이나 소재는 일체 사용하지 않았다. 메모, 영수증, 엽서 등을 꽂거나 열쇠, 마스크 등을 걸 수 있고 액세서리 스탠드 등 전천후 미니 수납 코너를 만들 수 있다. 한번에 많은 수량을 만들기 힘든 만큼 한정 수량 펀딩으로 선보인 제품이지만 플라스틱방앗간 오프 매장에서 만나볼 수 있다.

'프레셔스 플라스틱'은 오픈 소스로 공개된 도면을 활용하여 플라스틱 가공 기계를 제작, 누구나 쉽게 폐 플라스틱의 업사이클링에 참여하도록 하는 글로벌 커뮤니티이자 환경 보호 활동을 하는 NGO(비영리시민단체)다. 프레셔스 플라스틱 기획자인 데이브 하켄스의 말이다. "플라스틱 문제를 해결하는 것은 도구나 기계, 기술이 아닙니다. 플라스틱 쓰레기를 가치 있는 재료로 여기는 사고방식 전환만이 답입니다."

재생 플라스틱에서 탄생한 디자인 수공예 작품

플라스틱 쓰레기는 시민의 참여와 연대, 지식의 공유를 통해 해결할 수 있는 문제다. 우리의 삶을 편리하게 만드는 플라스틱이 쓰레기가 아니라 '아름답고 실용적인 재료'라고 인식할 때 개인의 참여도 지속될 수 있다. 노플라스틱선데이는 플라스틱방앗간과 플라스틱 재활용 작업장을 함께 운영하는 플라스틱 업사이클링 브랜드로, 수집한 플라스틱을 재활용하고 기술을 공유하며 새로운 순환 구조와 가치를 만들어낸다. 이들은 7년 전 을지로에 디자인 사무실 '프래그 스튜디오'를 마련했고 이후 재활용 플라스틱을 모아 작은 공예품을 제작 판매했다. 플라스틱 사출기를 붙인 작은 수레이자 재활용 공장인 '데스크팩토리'는 다양한 환경 관련 모임과 행사에 등장해 일반인들의 참여 인식을 높여주기도 했다. 프레셔스 플라스틱 프로젝트의 오픈 소스 활용을 기반으로 시작한 프래그 스튜디오의 재활용 프로젝트는 계속해서 진화 중이며 재활용 플라스틱 사출을 더 많은 사람과 공유하는 방법을 찾아가고 있다. 특히 환경단체와의 협업이 많은데 단체에서 플라스틱을 모아 분쇄한 재료로 제품을 기획, 디자인, 제작한다. 키링, 독서링, 단추, 컵받침, 비누받침처럼 가볍고 작은 소품들 위주로, 직접 판매하기보다는 관련 제품 의뢰를 받아 필요한 도움을 주는 데에 집중한다. 최근에는 기업의 친환경 프로모션용 제품 의뢰도 다양해졌다. 사진은 노플라스틱선데이의 대표 작품인 비누받침으로 동구밭 고체 비누의 사이즈에 맞춰 제작한 것이다. 티코스터 등 다양한 용도로 사용할 수 있다.

비누 받침대

사용하는 플라스틱 종류를 좀 더 자세히 소개해본다. 플라스틱을 유연하게 만들기 위한 가소제 중 일부는 비스페놀A와 같은 환경호르몬을 방출한다. 반면 PP와 PE는 유연성을 지닌 소재 특성상 가소제가 첨가되지 않는다. 따라서 다른 종류에 비해 유해물질로부터 안전하다는 특징을 감안해 PP와 PE만을 재료로 활용한다. 컬러별로 모아 세척한 뒤 분쇄해 사용하는데, 수집한 것이 사실상 다양한 브랜드 제품이라 색도 조금씩 다르다. 이들을 사출할 때 스크루를 사용하지 않아 자연스러운 마블링 효과를 얻는 것이 특징이다.

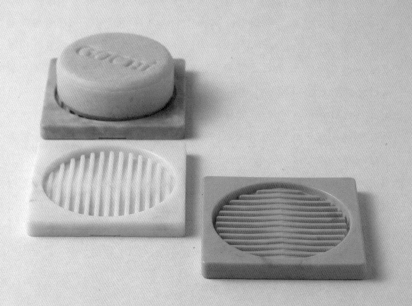

쉽게, 직관적으로 다가가는 업사이클 오브제

플라스틱 베이커리 서울은 또다른 개성과 이야기를 지닌 업사이클링 플라스틱 브랜드다. 그들만의 레퍼토리를 위한 신선한 아이디어를 찾아 '요리와 플라스틱'을 결합한 베이커리 아이템을 떠올렸으며, 제조 맥락이나 기법이 가장 유사한 '베이킹'으로 오브제를 만들기 시작했다. 베이커리 오브제는 요리 경력을 가진 팀 동료의 의견으로 시작되었고 이와 함께 소비자가 직관적으로, 더욱 친근하게 받아들일 수 있는 방법을 찾아 플라스틱 업사이클링 시장 진입에 도전했다. 경제적 여건상 미니 오븐을 구입해 와플, 까눌레를 구우면서 본격적인 생산을 시작했다. 단체가 아닌 개인 차원의 운영이다 보니 시스템에 관련한 고민 지점은 여전히 이어진다. 수집한 병뚜껑을 이용해 수작업으로 만들어진다는 인식이나 그 과정이 잘 드러나지 않는 데에 대한 안타까움도 느낀다. 그럼에도 다양한 플라스틱 프리 캠페인에 동참하며 레시피를 늘려가고 있으며, 독자적인 베이커리 제품 생산 역시 신선도가 떨어질 때까지 계속해서 이어갈 생각이다. 플라스틱이 녹는 모습, 누르면서 변화하는 모습을 직접 체험하며 '쉽고 직관적인' 경험을 할 수 있는 오프라인 매장도 오픈할 예정이다.

사진은 플라스틱 베이커리의 플라스틱 베이킹 시리즈다. 와플은 명함꽂이나 트레이로, 까눌레와 마들렌은 인센스 스틱 홀더로 사용한다. 플라스틱 수집은 플라스틱방앗간 사이트를 통한 연락과 함께, 덕분애 숍에서 꾸준한 도움을 받고 있다. 분쇄할 때마다 감사한 마음을 담아 작업할 정도로 1등 공신이 되어준 곳이다.

플라스틱 오브제

플라스틱은 PE가 주재료이며 가끔 PP를 사용하기도 하는데, 아무래도 플라스틱을 녹이는 작업이 다 보니 필터와 보안경을 착용해 안전성을 높인다. 이외의 플라스틱들은 녹였을 때의 냄새가 매우 독하기 때문에 되도록 작업하지 않는다. 다만 이를 활용해 의미 있는 결과물을 만들어내고자 하는 프로젝트가 생기는 경우에는 방독면을 철저히 착용해 작업을 할 때도 있다.

페트병을 구성하는 플라스틱은 크게 3가지로 본체PET 또는 LDPE, 병뚜껑과 페트병 고리HDPE 또는 PP 그리고 라벨지PP다. 페트병을 분리배출하는 방법은 이제 누구에게나 익숙해져, 약간 귀찮아도 라벨을 분리하고 내용물을 깨끗이 헹궈 분리배출하는 것이 당연하다. 딱딱한 소재인 뚜껑 부분 역시 따로 모아버리면 다양한 새활용 제품으로 거듭난다. 여전히 남은 한 가지 문제가 있다면 바로 페트병의 '링=고리' 부분이다. 일반 가정에서는 가위로 쉽게 잘라 내기 힘든 데다가 위험하기도 하여 지자체에 따라서는 절대 무리해 제거하지는 말라고, 권장하지 않는 경우도 있다. 그러나 뚜껑과 함께 병에 걸린 고리까지 제거할 때 비로소 투명 페트병도 온전히 재활용된다.

링컷은 분리배출에 철저한 많은 이들의 '페트병 고리'에 대한 고민을 해결해준 고마운 물건이다. '거북이 스스로 플라스틱 링=고리을 자른다'는 의미로 만들어진 '링컷'은 거북이 모양을 한 디자인이다. 제품을 뒤집어 뚜껑을 열면 속에 칼날을 들었는데, 이 부분을 페트병 입구에 올려놓고 고리 부분에 닿게 한 뒤 힘을 주면서 꼬리를 들어올리면 고리를 안전하게 끊어낼 수 있다. 이미 대학 시절에 환경 관련 동아리 에코말리온Eco+Pygmalion활동을 한 대표는 졸업 후에도 활동을 이어가던 중 페트병 고리에 몸이 걸린 채로 성장한 거북이 사진을 보았다. 이때의 큰 충격이 계기가 되었고, 페트병 고리를 쉽게 제거할 수 있는 제품 개발까지 실행했다. 단 귀여운 외형과 달리 내부의 칼날은 다룰 때 주의를 기울여야 한다. '어린이부터 어른까지 두루 안전하게 쓸 수 있는 도구'로서의 안정성을 높이고자 칼날은 지속적으로 보완, 개발되는 중이다.

링컷

우리나라의 포장용 플라스틱 소비량은 2021년 기준 세계 3위 수준이고 페트병 재활용률(생활 자원회수센터)은 45%에 정도라고 알려졌다. 물론 가장 큰 이유는 분리수거가 제대로 이뤄지지 못하는 문제다. 링컷의 또 다른 특별함은 주재료로 재활용 ABS를 선택한 것과 패키지 또한 재활용될 수 있도록 사탕수수 수지를 사용한 점이다. 현재 부천 내 제조업체와 콜라보레이션 형재로 제작·생산하고 있다.

plastic episode 2:

재활용 참여를 위해 알아둬야 할 플라스틱 종류

생활 폐기물이 처리되는 과정은 크게 소각, 매립 그리고 재활용의 세 가지로 나뉜다. 그런데 소각할 때 배출되는 온실가스의 양이 상당하고 매립한 쓰레기에서도 메탄이 발생된다. 매립할 땅도 부족한 현실이다. 그러니 쓰레기를 묻었을 때 발생하는 메탄가스를 회수해 에너지 전환을 하는 것보다 애초에 매립하지 않는 것이 좋은 방법이라고 할 수 있다. 한편 제품의 생산, 유통과정에서도 온실가스는 배출된다. '만들지 않고 소비하지 않는 것'이 이상적인 생활임을 알지만 쓰레기 증가량은 여전히 매년 증가 추세다. 이런 의미에서 '재활용'은 중요한 대안이고 'Re-design'은 순환경제를 의미하는 핵심 키워드이기도 하다. 단 물질을 반복해 돌려쓰는 순환경제의 개념에서 볼 때 돌려쓸 수록 물질의 가치가 떨어진다는 해석이 있으며, 이를 극복하고자 하는 것이 바로 새활용^{업사이클링}이다. 물질의 가치를 그대로 유지하면서 반복해 사용할 수 있는 시스템을 구축하자는 의미다.

분리배출한 쓰레기는 수거 업체, 선별 업체로 운반된 뒤 재활용과 폐기물 처리가 이뤄진다. 우리는 이들 플라스틱 대부분이 재활용된다고 믿지만 사실 재활용율의 이해에도 오류가 있다. 현재 한국 가정에서 발생하는 생활 폐기물의 재활용율은 통계상 60% 정도로 알려졌으나^{환경부 발표} 전량 재활용되는 것이 아니다. 60%에서 30~50% 정도가 에너지회수라는 명목으로 소각되는데 이를 재활용률에 포함시킨 것으로, 결국은 절반 정도만 재활용된다는 의미다. 운송 도중 수많은 양이 서로 뒤섞이거나 작은 제품을 분류하는 작업상의 한계 등 문제는 여러 가지다. 그럼에도 소비자가 플라스틱 성분을 제대로 알고 분리배출한다면 실질 재활용률을 높이는 데에 도움이 될 수 있다.

PET Polyethylene Terephthalate

생수, 음료수병이나 조미료 용기로 쓰이는 대표 합성수지 소재. 동일한 페트병이나 섬유로 재활용되지만 단, 뚜껑과 라벨, 링이 제거되어야 한다.

PP Polypropylene

폴리프로필렌은 플라스틱 중에서 우수한 재질에 속한다. 고온에서도 유해 물질이 나오지 않아 즉석밥 용기, 밀폐 용기 등 '식료품 용기'로 주로 사용된다. 단 가격이 비싼 편이어서 PS 소재로 대체하는 경우가 많다.

PS Polystyrene

폴리프로필렌보다 저렴한 데다가 가공이 쉬워 일회용 포장 용기와 컵, 커트러리 종류, 컵 뚜껑 등에 다양하게 쓰인다. 단 고온에서는 유해물질이 발생될 우려가 있으므로, PS라고 적힌 경우엔 뚜껑을 열고 음료를 마시거나 기타 제품이라면 열을 가하지 말아야 할 것이다. 탄산가스나 프로판을 흡수시킨 뒤 성형을 한 것이 '스티로폼'으로 이 역시 일반 쓰레기로 처리해야 한다.

HDPE High-density Polyethylene

페트병 뚜껑에 사용하는 단단하고 가벼운 고밀도 플라스틱 종류이다. 샴푸나 세제 용기 등에도 사용한다. 분리수거 시 따로 모아야 재활용의 의미가 있다.

LDPE Low-density Polyethylene

흔히 일회용으로 사용하는 비닐제품봉지, 위생장갑, 지퍼백 등의 성분이다. 튜브 형태의 소스식품나 화장품 케이스에도 사용된다.

PVC Poly vinyl chlorid

폴리염화비닐은 사실상 한 번 사용하고 버리는 사용재로는 금지되고 있다. 재활용이 까다롭고 소각할 때 유해 물질이 발생하기 때문이다. 환경부에서 2019년 PVC를 포장재에 사용하는 것을 금지했으나 햄·소시지류상온 유통·판매 제품, 마트용 축수산물 등의 포장에는 허용했다. 불에 탈 경우 염화수소가스HCl·물에 녹을 경우 염산가 나온다. HCL는 부식성이 매우 강해 PVC의 재활용이 어렵고, 소각할 때도 염소 제거 공정을 거쳐야 한다. 단지 정부 대책을 제대로 인지하지 못한 전통시장에서는 다양한 식재료와 조리 음식에 사용 중이다.

유기농 원료를 직접 짜 만든 100% 오가닉 제품

친환경적 소비에 대한 선호도가 증가하면서 검증되지 않은 친환경 제품의 등장도 늘었다. 재생섬유처럼 화학 제품을 사용하지 않는 유기섬유는 상대적으로 환경에 덜 해로운 게 사실이지만 여기에도 형광증백제나 표백제 등의 화학 물질이 사용될 수 있다. 따라서 가장 안전한 유기농 제품을 찾는다면 면의 재배부터 생산까지, 전체 공정이 친환경적일 때 부여하는 인증마크를 확인하는 것도 중요하다. 유기농 인증 기구는 OCS컨트롤 유니언 그룹, TE텍스타일 익스체인지 협회, USDA미국 농무부 등 다양하나 가장 인지도 있으면서 유기농 섬유의 표준 인증으로 대표적인 곳은 GOTS국제 유기농 섬유 협회이다. 그리고요즘 대다수 쇼핑 몰에서 호텔 타월이라는 이름으로 판매되는 순면 타월보다 인정받는 것은 확실한 유기농 인증을 거친 오가닉 타월이다. 소개한 오가닉 타월은 유기농 원료로 만든 무염색, 무형광의 순수 오가닉 원사로 짠 제품으로 씨앗부터 봉제까지 전 과정에 걸쳐 오가닉 국제인증을 받았다. 단 오가닉 타월도 원사는 왁스 성분을 지녔다. 이를 제거하기 위해 다양한 물질을 첨가하고 표백 공정을 거치는데, 오가닉 타월은 이런 공정을 거치지 않아 완성품의 왁스 성분이 완벽하게 제거되지 않는다. 따라서 처음 사용할 때 흡수력이 약할 수 있으며, 3~4번 정도 세탁을 하면서 왁스 성분이 자연히 제거되고 부드러운 촉감과 높은 흡수력을 찾는다. 피부에 안전한 유기농 타월을 사용하기로 했다면 이후로는 관리 방법이 중요하다. 타월이 망가지는 이유는 사용 기간보다 세탁 방법에 의한 문제가 크기 때문이다. 타월을 세탁할 때는 우선 가루 세제와 산소계 표백제 사용을 피한다. 일반 액체 세제 대신 범용 중성 제품을 쓰고 세제 양은 소량으로도 충분하다. 섬유유연제 역시 코팅 기능이 있어 가급적 사용하지 않는 것이 좋다.

욕실 수건

GOTS(Global Organic Textile Standard) 섬유 친환경 인증은 유기 섬유의 품질 관리를 위해 만들어진 국제 기구이다. 매우 까다로운 기준을 충족했을 때 인증마크를 얻을 수 있다. 유기 섬유가 70% 이상 함유되어야 하며 생산부터 원단 생산에 이르기까지 친환경적으로 만들어지는 것을 기준으로 한다.

플라스틱 샤워 볼과 타월 대신 선택하는 천연 소재

나름 제로 웨이스트를 실천한다고 자부했지만 나도 모르게 사용했던 물건 가운데 나중에 '이것도 플라스틱이었어?' 라며 놀라게 되는 제품들이 있다. 그 중 하나가 바로 매일 사용하는 샤워 볼이다. 어느 집 욕실에나 한 두 개씩 은 걸려 있는 게 일반적인 샤워 볼. 까슬까슬한 표면의 그것이 바로 플라스 틱으로 만들어진 합성섬유였다. 문제는 미세 플라스틱으로 씻는 것도 문제 지만 그 미세 플라스틱이 욕실 하수구로 흘러가서 결국 수질오염의 원인이 되는 것도 끔찍한 일이다. 시간이 흐르면서 잘게 분해된 플라스틱은 생태계 를 교란하고, 인간의 몸에 악영향을 끼쳐 암과 면역 결핍 등을 유발하는 독 소가 되기 때문이다. 결국은 지구에 그리고 인간의 건강에 부담이 될 수밖에 없다.

그나마 다행인 것은, 조금만 주의를 기울이면 대체할 만한 천연 소재의 샤 워 타월을 찾을 수 있다는 점이다. 특히 삼베로 만든 샤워 타월은 많은 장점 을 가지고 있다. 플라스틱으로 제조된 일반 샤워 볼이나 타월은 삶을 수 없 어 세균의 온상이기 쉽지만 반면 식물로 만든 삼베는 정기적으로 삶아 빨아 서 건조할 수 있어 삼베 자체가 갖고 있는 항균력과 함께 건강한 피부를 건 강하게 관리해 주기 때문이다. 또한 자연에서 온 식물성 소재라 버린 후에도 땅 속에서 자연 분해된다. 다만 플라스틱 샤워 볼보다 거품은 덜 나는 것도 있겠지만 환경과 피부 건강을 위해서는 플라스틱 섬유보다 열 배 백 배 나은 선택이다. 다만 '천연'이라는 이름을 달고 시중에 나오는 여러 샤워 타월을 무턱대고 소비하지는 말자. 초록초록한 패키지와 이름을 가졌다고 해서 그것 이 곧 진짜 천연 제품임을 의미하는 것은 아니기 때문이다. 플라스틱에서 자 유로워질 수 없는 것들도 있기 때문에 그 배합률을 보고 잘 선택해야 한다.

샤워 타월

천연 삼베로 만든 예고은삼베 샤워 타월, 삼베보다 부드러운 소재인 사이잘삼으로 만든 소락 샤워
타월 등이 있다. 그 밖에 천연 해면, 코바늘로 뜬 샤워 볼, 소창 샤워 볼, 천연 수세미, 자작나무에
서 추출한 천연섬유로 만든 타월, 천연 수세미 목욕 장갑과 스펀지, 까슬까슬한 인견과 부들부들
한 거즈 면으로 된 양면 필링 패드형 제품도 있다.

피부 자극 없이 노폐물을 제거하는 천연 타월

앞서 소개한 대로 천연 삼베또는 베는 미세 플라스틱이 발생할 우려가 없다. 삼은 친환경 식물이자 대마의 줄기이며, 삼베는 삼을 이용해 짠 직물로 수분 흡수력과 배출력이 좋다. 특히 대마를 재배할 때 살충제나 독성 비료가 사용되지 않는데, 이는 고유의 섬유질 자체에 항균·항독·방충성을 지녔기 때문이다. 이렇듯 신체에 안전한 특성을 이용한 스크럽 타월일명 때수건은 피부 자극은 줄이면서 노폐물 제거에 효과적이다. 예고은삼베의 때 타월은 양면의 직조면이 달라 기능도 두 가지다. 약간 거친 면은 몸을 닦는 보디 & 각질 제거용이고, 반대쪽 부드러운 면은 얼굴 세안 & 어린이용으로 사용하는 등 피부 민감도에 따라 맞춰 사용할 수 있다.

'제로 웨이스트' 열풍이 불면서 치약을 둘러싼 시장과 소비 문화에 변화가 생기고 있다. 치약을 사용할수록 마개와 튜브 쓰레기가 생겨나는데 알다시피 마개와 튜브는 플라스틱이다. 문제는 마개나 튜브를 깨끗하게 세척하지 않는 이상 분리수거가 되지 않을 뿐 아니라 설령 분리수거를 한다고 해도 혼합 재질 때문에 재활용하기 어렵다는 것이다. 이렇게 버려진 튜브형 치약 쓰레기는 연간 10억 개에 달하며, 이런 문제의 해결을 위해 고체 치약 제품이 탄생했다.

고체 치약은 성분이 착하다는 장점도 있다. 일반 치약은 액체 형태로 만들기 위해 습윤제를 첨가한다. 이외에도 형태를 유지시키기 위한 결합제 및 세정제 연마제 같은 화학성분이 들어간다. 이것만 넣으면 맛이 써 양치를 하는 게 힘들기 때문에 또 향료 등이 추가로 들어가게 된다. 하지만 고체 치약 제품은 친환경을 지향하는 경우가 많아 습윤제나 인공향 등 화학성분은 줄이고 천연 유래성분을 주로 사용한다. 고체 치약은 사용법도 간단해 고체로 된 치약 한 알을 입에 넣고 꼭꼭 씹은 뒤 칫솔질을 하고 물로 헹궈내면 된다.

간혹 친환경을 위해 선택한 제품임에도 비닐 팩이나 휴대용 비닐 낱개 포장으로 판매해 그 의도를 무색케 하는 것들도 있지만 대부분은 치약을 담는 용기 역시 유리병이나 알루미늄 뚜껑 등 플라스틱 대신 지속 가능한 포장재를 사용해 판매하고 있다. 제로 웨이스트를 실천하려는 사람이라면 낱개 포장 대신 이미 있는 다회용 케이스를 활용하거나, 유리병 제품을 구매해 번거롭더라도 휴대하는 것이 좋다.

고체 치약

고체치약은 더피커나 알맹상점, 지구샵의 등 제로 웨이스트 숍에서 쉽게 구매할 수 있다. 그 밖에
도 스파이민트와 네롤리 오일 성분이 함유된 러쉬 더티 투시 탭, 유해 성분으로 지정된 10가지 성
분을 배제한 하우투메이크 라이트 치약, 제로 웨이스트 숍 디어어스의 종이 파우치 고체 치약, 로
우레스의 고체 치약, 닥터노아 고체 치약, 톤28 덴티 크러쉬 고체 치약, 바이트 치약 등이 있다.

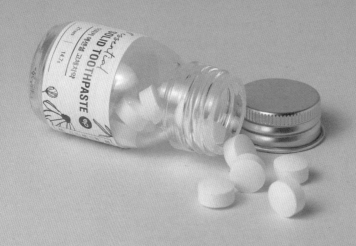

자연 소재 케이스에 담긴 천연 왁스 치실

치실 역시 고체 치약과 함께 플라스틱 프리, 자연 성분 제작으로 주목받는 치위생 제품이다. 칫솔질만으로는 음식물 찌꺼기나 치아 표면의 세균을 완벽히 제거하는 데 한계가 있어 치실 사용을 필수로 하는 사람이 많다. 전 세계적으로 매년 700만 개 이상의 플라스틱 치실 케이스가 버려지지만 이는 건강과 청결을 중시하는 우리 대부분이 잘 모르는 사실이다. 게다가 사용 시 잇몸을 보호하기 위한 왁스 코팅도 마찬가지다. 코팅 처리를 한 것과 하지 않은 것으로 나뉘는데, 전자라면 왁스 성분도 확인해볼 필요가 있다.

시판 중인 친환경 제품의 케이스는 종이와 나무 소재로, 이들 자체가 치실통이 되는 디자인이다. 스웨덴 구강·생활용품 브랜드 험블The Humble은 화학적 코팅 원료 대신 칸델릴라 나뭇잎에서 얻는 천연 왁스로 100% 비건 치실을 만들며 민트, 레몬, 시나몬의 은은한 향을 입혀 종이 케이스에 담는다. 더피커의 치실 역시 같은 왁스 성분에 민트 추출물이 첨가되어 있다. 천연 실크 치실을 담은 전용 대나무 케이스에는 이후 리필이 가능하다. 대나무숯 섬유 치실의 경우는 유리 케이스를 사용한다.

알루미늄 치약 케이스부터 핸드크림, 화장품까지, 각종 튜브형 용기의 내용물을 남김 없이 사용하기 위해 고안된 튜브 짜개는 이미 다양한 제품이 출시되어 있다. 그중 귀엽고 컬러풀한 디자인으로 2030의 눈길을 끄는 제품 플라스틱방앗간의 튜브 짜개는 작은 쓰레기가 모여 새로운 쓸모를 만들어낸 업사이클링 제품이다. 이 시대의 '에코 워리어 Eco-Warrior', 즉 환경 문제를 고민하고 직접 실천에 옮기는 실천력을 지닌 사람들이 제작 과정에 동참해 더욱 의미 있는 물건이기도 하다. 작은 플라스틱 쓰레기를 함께 모으는 캠페인에 참여하고 싶다면? 우선 방앗간의 '참새클럽'에 가입을 한 다음, 분리배출 시 재활용되기가 힘든 쓰레기를 열심히 모은다. 한 손에 들어가는 작은 크기이며 PP라고 자체 표기되어 있는 플라스틱이 기본이고 음료병의 뚜껑과 병목 고리도 포함된다. 참새클럽의 수거 알림 문자가 오면 이들을 택배로 방앗간에 전달하고, 이렇게 약 2달 동안 모인 플라스틱은 분류, 사출 작업을 통해 업사이클링 제품으로 재탄생한다. 특히 동참한 회원들에게는 이 제품을 리워드로 선물하는데 튜브 짜개 역시 그중 하나다. 현재는 플라스틱방앗간 오프라인 숍과 몇몇 제로 웨이스트 숍에서 구매 가능하다.

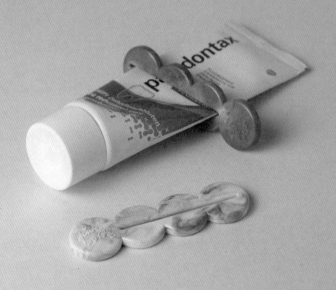

지속가능 작물,
대나무 소재의 일상 용품

알다시피 플라스틱은 인공 혼합물이어서 잘게 쪼개질 뿐 완벽하게 자연으로
분해될 수 없다. 그에 비해 대나무는 자연상태 그대로 만들기 때문에, 자연으로
그대로 환원되어 환경에 최소한의 영향을 준다. 게다가 대나무는 특별한 농약이나
비료 등의 필요 없이 자연적으로 빠르게 자라는 식물이라 그야말로 지속 가능한
작물이다. 따라서 검증된 자연 그대로의 숲에서 비료, 살충제 없이 빗물만으로
자라는 대나무를 사용해 제품을 만드는 경우 FSC 인증을 획득하기도 한다.

지속가능 경영을 하는 삼림에서 생산된 목재,
목제품임을 증명하는 라벨 부착

대나무로 만드는 친환경 제품은 매우 다양하며 그중 현재 가장 대중화된 것이
칫솔과 휴지다. 기타 나무 재질이 필요한 위생용품이나 우드 스피커 등의
기능성 소품도 속속 선보이고 있다. 특히 칫솔의 경우는 사용 빈도상 엄청난
양이 생산되고 버려지는 만큼, 제로 웨이스트 생활에 있어 대나무 칫솔을
사용하는 것이 하나의 실천 가이드가 되기도 한다. 플라스틱이나 대나무 칫솔
모두 일반쓰레기로 분류해 버리지만, 이때에도 대나무 칫솔은 버려진 뒤
분해되는 시간이 훨씬 빨라 탄소배출량을 줄이는 데 도움된다고 알려졌다.

사실 아직 시작하지 않은 사람이 플라스틱 칫솔을 단번에 끊는 것은 조금 힘든 일일 수도 있다. 묶음 판매로 구입하는 게 일반적이니 이들을 버리면서까지 친환경 제품으로 바꾸는 것이 오히려 '불필요한 쓰레기 생산'이라는 생각도 들 수 있기 때문이다. 다른 소모품들 역시 마찬가지다. 단지 각종 생활 소모품에 포함된 미세 플라스틱 성분이 매일같이 강, 바다로 흘러 나간다는 문제를 생각해본다면, 더 늦기 전에 자연 소재의 친환경 제품으로 대체하는 생활이 필연적 선택일 수 있을 것이다. 천연 대나무 소재를 이용한 일상 위생 용품 몇 가지를 추천한다.

자연에서 나 자연으로 돌아가는 오랄 케어 제품

하루에 3번, 우리가 무의식적으로 사용하고 있는 물건 중의 하나가 바로 칫솔이다. 칫솔은 보통 위생상 3개월 주기로 교체하는데 그렇게 버려진 칫솔이 우리나라에서만 연간 무려 4천3백 톤. 어마어마한 양의 플라스틱이 매일 버려지고 있는 셈이다. 문제는 시중에 나와있는 플라스틱 칫솔이 복합재질이 많고 크기가 작아 재활용이 불가능하다는 점이다. 결국 사용 후 버려진 플라스틱 칫솔은 재활용하기 어려워 대부분은 땅에 묻히거나, 일부는 바다로 흘러 들어간다. 최근엔 이런 플라스틱 칫솔 대신 재생 플라스틱을 이용한 칫솔, 사탕수수 찌꺼기로 만든 생분해성 플라스틱으로 만든 칫솔, 대나무로 만든 칫솔 등 다양한 소재의 칫솔이 등장하고 있다. 그 중에서도 플라스틱 칫솔을 대체하고 있는 가장 대중화되고 있는 제품이 바로 대나무 칫솔이다.

대나무 칫솔은 손잡이 부분이 대나무로 된 칫솔을 말한다. 칫솔의 대나무 손잡이는 일반 플라스틱보다 쉽게 분해된다. 소각하는 경우에도 플라스틱보다 환경에 적은 영향을 미친다. 물론 대나무 칫솔이 플라스틱 칫솔보다 엄청 기능이 좋거나 편리하다고는 할 수 없지만 대나무 칫솔은 지금보다 우리가 환경에 미치는 영향을 줄일 수 있는 물건이라는 점은 분명하다. 문제는 칫솔모. 아직 대나무 칫솔의 모는 나일론인 경우가 많다. 현재까지 100% 자연 분해되는 친환경적인 칫솔모는 없지만 최근에는 이 칫솔모도 재생 플라스틱으로 만들거나, 생분해성 플라스틱으로 만들려는 시도가 있다. 한두 개 영세 브랜드에 그쳤던 대나무 칫솔 업체도 몇 년 사이 크게 늘었다. 스웨덴 '험블브러쉬', 독일 '트리샤' 등 해외 브랜드는 물론이고 요즘 많이들 사용하고 있는 마루칫솔, '비코드'나 치과 의사가 만든 '닥터노아' 같은 국내 브랜드도 있다.

대나무 칫솔

국내에서 제작하는 천연 대나무 칫솔 닥터노아의 자체 집계에 의하면 2021년 11월 기준 1,288,285개의 칫솔을 팔았으며 총 23,013kg의 플라스틱 양을 줄였다. 단 대나무 칫솔에게도 칫솔모는 여전히 남은 문제다. PBT 소재(닥터노아 제품)인 미세 칫솔모의 경우 100% 자연분해가 되지는 않는다. BPA가 없는 나일론6를 사용한다는 문구로 친환경임을 강조하는 제품도 있으나, 이는 플라스틱 칫솔 칫솔모의 미세 플라스틱과 소재면에서 별 차이 없다는 의견이다. 닥터노아는 2개월 뒤 버리는 칫솔을 화분에 꽂아 네임태그로 새활용해 쓰레기를 줄이자고 제안한다.

착한 소비와 가치에 대한 인식이 높아지면서 '생필품'을 생산·유통하는 기업과 소비자 모두 친환경 용품에 주목하고 있다. 작년 한 해 생수 업계의 히트 상품이 무無라벨 제품이었다면, 롤 휴지는 종이팩 재생 제품과 함께 '대나무 롤 휴지'가 인기였다. 대나무는 나무가 아니라 키가 큰 풀의 특성을 지닌 벼과 식물로서, 잘라 써도 빨리 자라 계속 재배할 수 있으며 숲을 파괴할 우려도 없는 제품이다. 그뿐만이 아니라 환경 문제와 상관없는 고유의 장점도 크다. 대나무의 천연 섬유질은 치밀한 조직 형태상 잘 끊어지는 특성을 지녔고 일반 펄프보다 먼지 날림이 적고 부드럽다. 호흡기가 예민한 사람은 물론이고 입가나 민감한 부위에도 안전하게 사용할 수 있다. 재생 펄프 휴지의 경우 흰색을 위해 형광증백제를 첨가하는 경우가 있는데, 대나무 휴지는 이러한 공정을 거치지 않는다. 소개한 제품은 국내 브랜드 자주JAJU에서 선보인 대나무 화장지로 포름알데히드, 표백제, 인공 향, 인쇄용 잉크 등을 사용하지 않았으며 지속가능산림FSC 인증도 완료했다.

대나무 롤 휴지

일반 펄프 두루마리 화장지 대신 대나무 화장지를 약 60개 쓰면, 15년생 나무 한 그루를 살리는 효과를 거둔다. 대나무는 완전 분해에 수백 년이 걸리는 플라스틱과 달리 생분해가 가능하다. 대나무 소재는 천연 항균·탈취 효과를 지닌다. (출처: 국민일보)

접착 알러지 걱정 없는 천연 대나무 섬유 소재

한 번 쓰고 버리는 대표 위생용품의 하나인 의료용 밴드에 화학물질이 섞여 있다. 일반 밴드를 쓸 때 접착 부분에 피부가 예민하게 반응하는 경우가 있는 것도 천연 성분이 아니기 때문이다. 호주에서 탄생한 밴드 PATCH는 100% 천연 대나무 섬유와 함께 피부에 닿는 부분도 미네랄 기반 감압 접착제로 만들어져 자극이 없고, 케이스까지 모두 생분해되는 것이 특징이다. 토양에서 10주 내에 자연 분해가 되고 플라스틱 독소가 나오지 않는 것으로 알려졌다. 특히 대나무의 천연 항균성은 작은 상처 치료에도 효과 있으며, 기타 자극제나 독소 성분이 함유되지 않아 접착 알러지를 걱정할 필요가 없다. 기본 내추럴 타입 이외에 알로에베라 추출물과 코코넛 오일, 활성 대나무 숯 함유 제품의 총 4가지 종류가 있으며 상처 치료 효과도 저마다 특징이 있다. 국내 생산 제품은 아니지만, 천연 성분과 기능성을 지닌 위생 필수품으로 인정받아 국내 제로 웨이스트 숍에서도 쉽게 찾아볼 수 있다. 제품에 대해 마치 패션과도 같은 트렌드 아이템이라는 생각이 들 수도 있을 것이다. 따라서 이 역시 사용 여부에 대한 판단은 스스로 해볼 일이다.

면봉은 바로 쓰고 버리는 단순 일회용품으로 생각해서 저렴한 대용량 제품을 구입해 쓰기 마련이지만, 알고 보면 다른 면 제품처럼 원재료를 확인하고 사용해야 할 위생품이다. 면봉 솜 역시 형광증백제나 포름알데히드 성분이 함유될 수 있기 때문이다. 게다가 재활용이 불가능하니 지속적으로 생산하며 배출하는 이산화탄소도 만만치 않을 것이다. 이런 의미에서 면봉도 친환경 성분, 소재로 바뀌고 있다. 소개한 제품은 더피커의 대나무 면봉으로 잘 부러지지 않아 안전하다. 요즘은 친환경 면봉 대의 소재도 더욱 다양화되었다. 메이크업 기능을 감안해 반영구적 제품으로 만든 실리콘 면봉은 물론이고, 유아를 위해 나무 대신 종이 대를 이용한 종류도 인기 높다.

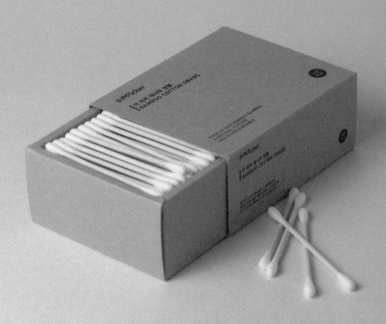

여성 1인이 평생동안 사용하는 일회용 생리대는 약 8천 개라고 한다. 지난 2018년 특정 생리대의 휘발성유기화합물 논란과 파동이 일기 전부터 많은 여성이 일회용 생리대의 유해성을 염려해왔다. 그도 그럴 것이 여성의 질 부분은 다른 피부 조직과 달리 경피독에 매우 취약하고 자궁과 밀접한 부분인 만큼 안전 관리가 특히 중요한 생필품이기 때문이다. 이 사태와 함께 환경오염에 대한 문제까지 대두되면서, 그동안 '오가닉 코튼' 등을 내세운 비싼 시판 제품을 사용하던 대응법 이외에도 새로운 대안이 늘었다. 이른바 '지속가능 월경용품'의 사용이다.

제로 웨이스트 숍 모레상점의 제안 가이드를 참고하자면, 우선은 친환경 일회용 생리대의 올바른 선택이 필요하다. 피부에 직접 닿는 탑시트와 흡수체에 플라스틱 성분이 함유되므로 이들 모두 유기농 면, 즉 천연 소재를 사용한 제품을 선택한다. 플라스틱 성분의 방수 필름 또한 완벽한 대안은 아니지만 생분해 필름으로 된 것이 지속가능한 대안이 될 수 있다. 면 생리대는 월경 기간 중 쓰레기가 나오지 않고 피부에 닿는 면도 편하며 경제적인 면까지 장점을 두루 갖췄다. 최근에는 월경컵이 대세이기도 하지만, 사용이 두려운 사람에게는 면 생리대가 여전히 가장 좋은 대안일 수 있다. 단 매번 직접 세탁해야 하는 번거로움이 현실적인 문제이기는 하다. 이런 부담감을 해결하려면 일회용 생리대, 또는 월경컵과 함께 '보조 생리대' 개념으로 사용하면서 조금씩 쓰레기를 줄여 방향이 좋을 것이며, 팬티라이너 대신 면 라이너를 사용하는 것도 추천한다. 제로 숍에서 판매하는 고체형 과탄산소다숍으로 손세탁하면 깨끗하게 씻어 재사용할 수 있다.

깨끗이 빨아 재사용하며 쓰레기를 줄이는 클렌징 도구

세안 후 토너로 얼굴을 닦아내거나 클렌징 워터나 클렌징 오일을 써야할 때 반드시 사용하는 것이 화장솜이다. 한 장도 아니고 여러 장으로 닦아내게 되니 큰 통으로 산다 해도 금세 다 쓰게 된다. 별것 아닌 것 같지만 하루에 3장 이상씩만 쓴다고 해도 따져보면 상당한 양의 쓰레기를 만들어내는 셈이다. 더구나 특정 화장솜은 폴리에스테르 성분을 함유해 얼굴에 미세한 상처를 내며 형광증백제 등의 확학물질이 첨가된 경우도 있다. 조금이나마 지구에 보탬이 되는 생활을 하고 싶다면 일회용 제품 대신 여러 번 세탁해 사용할 수 있는 화장솜을 골라 쓰면서 조금이라도 지구의 피해를 덜어주면 어떨까.

빨아 쓰는 화장솜은 생각보다 시중에 많이 나와 있다. 인체에 무해한 친환경 소재로 곰팡이 억제 기능이 있으며 흡수성과 탈취성이 좋은 어슬링의 대나무 섬유 화장 솜은 물론이고, 국내 제로 웨이스트 라이프스타일 플랫폼인 더피커에서 판매하는 대나무 코튼 화장솜도 있다. 대나무 코튼은 대나무에서 추출한 화학 성분 없는 천연 소재다. 대나무의 항균성, 흡수성을 갖추고 촉감도 부드럽다. 메이크업을 닦아낼 때, 비누 거품을 부드럽게 각질을 제거할 때 사용하면 좋다. 우슬레의 빨아 쓰는 '재사용 화장솜'도 있다. 천연 원단이라 세탁할 때 미세 플라스틱이 발생하지 않고, 화학 성분을 사용하지 않았다. 앞면은 대나무 플리스 양털 대마 55%＋대나무 45%, 뒷면은 대나무 포슬린 대나무 70%＋면30%이다. 촉감이 부드럽고 흡수력과 항균력이 좋다. 폴라초이스의 빨아서 사용할 수 있는 '제로 웨이스트 재사용 원형 화장솜'은 물론 면 생리대, 천연 수세미 등을 판매하는 '함께하는 그날협동조합 SORAK'의 면 화장 솜도 있다. 유기농 면 100%로 이루어진 면과 강화군 프리미엄 소창으로 이루어진 면으로 제작했다.

그 밖에 천연 소재와 화학처리 없는 원단으로 만든 다양한 아이템들이 제로 웨이스트 숍을 비롯해 온라인 쇼핑 몰에서 구매할 수 있다. 꼼꼼하게 체크해 제조 과정부터 폐기 과정까지 환경에 무해한 빨아 쓸 수 있는 것으로 구입하는 지혜가 필요하다.

성분의 배신에서 진화로 돌아선 필수품

물티슈는 집에 들이는 순간 하루에 많은 양을 습관처럼 뽑아 쓰는 전천후 청소 용품이다. 바닥 청소는 물론이고 소소한 먼지, 애완견의 배변까지 티슈 한 장으로 해결할 수 있는 편이성 덕에 없어서는 안될 생필품이 되었지만, 그동안 사용해온 물티슈의 주성분은 다름아닌 플라스틱 화학섬유폴리에스터였다. 소각되거나 매립되는 과정에서 미세 플라스틱을 만들고 쉽게 분해되지 않는 것이다. '약액물'과 '원단티슈'으로 이뤄진 물티슈의 일반적 성분을 따져보자면, 우선 약액은 97%~99%의 수분과 3%의 보존제, 계면활성제 등으로 이뤄진다. 그러나 제품의 유통 기간을 고려하는 과정에서 화학적 성분이 첨가될 수 있으며 티슈 원단 역시 합성 섬유를 사용할 우려가 생긴다. 어쩌면 원단 자체가 더 큰 문제일 수 있다. 피부에 직접 닿고 여러 번 사용하는 제품이니, 안전성을 고려해 부직포 대신 레이온 소재로 만들면 적합하다는 업체의 의견도 있다.순면으로 만들면 가격 경쟁이 힘들다는 부분 역시 이해 가능하다

소개하는 제품은 유한킴벌리의 스카트 에코 종이 물티슈다. 종이 성분으로 환경 오염을 최소화하며, 천연 펄프의 분해는 약 5개월의 기간이 걸린다고 한다. 70매 사용 기준으로 기존 물티슈에 비해 플라스틱은 약 47g 절감된다고 한다. 이외에도 우리 몸과 환경에 무해한 특성을 내세운 물티슈는 속속 등장 중이다.

그럼에도 아이를 키우는 부모 등 꼭 필요한 상황에서만 사용할 것을 권하고 싶다. 여러 인증을 거친 제품이긴 하지만 자원을 일회용으로 사용한다는 사실은 변함없기 때문이다. 손을 씻는 대신 물티슈를, 행주 대신 일회용 물티슈를 쉽게 사용하는 일상은 결국 본질적 변화 대신 소비의 당위성을 키울 수 있음을 생각하자.

친환경 물티슈

"계속해서 떨어지는 물방울이 마침내 단단한 바위에 구멍을 뚫는 것처럼, 태어나서 죽을 때까지 위험한 화학물질과 접촉하다 보면 결국 우리에게 심각한 문제가 일어나게 마련이다. 아무리 그 양이 미미해도 거듭되다 보면 몸속에 화학물질이 축적되어 마침내 중독을 일으킨다."
-레이첼 카슨 <침묵의 봄>

예전에는 세탁 기능이 세제의 풍성한 거품에 비례한다고 여기는 경우가 많았다. 거품 알갱이가 섬유에 묻은 숨은 때를 제거해주므로 적게 사용하면 세척력이 떨어질까봐 일부러 적정량 이상을 넣기도 했다. 그런데 가정마다 세제 사용량이 늘면서, 어느 순간 피부가 민감한 사람은 세탁 후 잔류 성분에 알러지 반응을 보이기 시작했다. 합성계면활성제식물성이 아닌 석유계 계면활성제를 비롯한 표백제, 파라벤 등의 화학물질 때문이다. 형광증백제는 피부 관련 질환을 일으킬 수 있고, 방부제 용도로 쓰이는 파라벤의 또한 암 유발 가능성이 있다. 세제의 경우는 아이가 있는 가정에서 한층 예민한 만큼, 각종 친환경 제품 또한 맘카페를 통해 입소문 나는 것이 대부분이다. 친환경 세탁 세제 역시 초기에는 카페 중심으로 해외 유명 제품들이 소개되었고 현재는 국내 개발 브랜드까지 늘면서 다양한 리뷰를 통해 비교 선택할 수 있다. 단, 친환경 제품 하면 성분이 안전한 대신 기능은 조금 떨어지는 경우가 있으니 세척력은 유지하면서 지구와 몸에 안심인 일석이조 제품을 찾게 된다.

귀여운 달걀 모양 팩이 인상적인 에코에그는 위에 언급한 제반 조건을 충족시키는 친환경 세탁 세제다. 영국 에코 브랜드이지만 국내에서도 이미 오래 전부터 사용해왔으며, 영국 알러지 방지협회에서 알레르기 안정성을 입증하는 '알러지 UK 인증피부 무자극 인증'을 받았다. 재사용 친환경 세탁 볼은 BPA FREE인 한편 하나를 10년 이상 사용할 수 있어 일회용 플라스틱, 미세 플라스틱을 줄이는 데에 적극 동참한다. 볼 속에 미네랄 알맹이, 토르말린 알갱이를 넣고 세탁물과 함께 세탁기에 넣어 돌리면 된다.

런드리 에그

에코에그의 세탁원리를 간단히 설명하면 이렇다. 흰색의 미네랄 알맹이는 생분해성 계면활성제를 생성하는 성분으로 섬유에서 오염물질을 분리해 물에 가둔다. 회색의 토르말린 알갱이는 물을 이온화시키고 알칼리성을 높인다. 섬유에서 먼지와 기름 때를 더 잘 분해시키는 역할을 해준다. 생분해성 계면활성제 성분은 세탁이 끝날 때까지 옷과 함께 두어도 안전하며 헹굼 코스까지 그대로 넣고 세탁한다. 건조기능 사용 전에는 반드시 세탁기에서 꺼내도록 한다. 세탁 알갱이가 매우 작아지면 알갱이 리필만 별도 구입해 계속 사용한다.

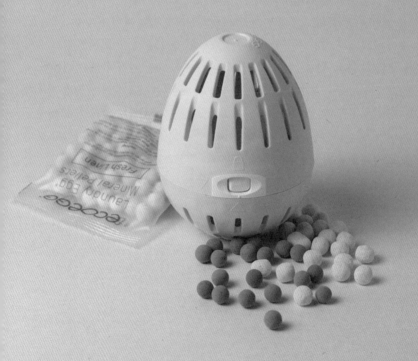

세탁 세제는 우리가 일반적으로 생각하는 것과는 달리, 오히려 적게 넣는 쪽이 옷과 환경 면에서 두루 좋다고 한다. 세제를 과하게 사용하면 헹궈지지 못한 잔여 세제가 생기고, 섬유와 함께 우리 피부에도 해를 입힌다. 특히 앞서 말한 합성계면활성제와 화학 성분은 비수용성, 비분해성인 성질로 인해 수질을 오염시키고, 미세 플라스틱 또한 같은 유해 요인이다. 천연 섬유 소재의 옷만 입을 수는 없는 현실인 만큼, 세탁을 할 때마다 일정양의 미세 플라스틱이 방출되어 강, 바다로 유입된다. 따라서 세탁 횟수를 줄이고 세탁 세제를 최소화하는 것이 중요한데, 이러한 생활 습관에 도움되는 친환경 제품이 고체형 타블릿 발포 세제다. 빨래 양에 따라 타블릿 개수를 맞춰 넣기만 하면 되는 고체 세제의 탄산소다 성분은 세척력이 뛰어난 알칼리성으로, 일반 세제보다 세정력이 떨어진다는 편견을 떨칠 수 있다. 고체형 발포 세제는 찬물에 녹지 않는 가루형 제품, 가루형보다 사용 기한이 짧은 액체형 제품의 단점들을 모두 보완한 기능을 갖췄기 때문이다. 물에 녹는 순간 기포가 발생하면서 세탁 섬유에 스며들고 오염 물질을 깨끗하게 빨아준다. 잔여물도 남지 않는다. 히어메이드, 폴라베어, 블루워시, 피오니어 등 다양한 브랜드를 선택할 수 있으며 이들은 모두 EWG 그린등급 성분이 기본이다.

사진의 히어메이드 제품은 계면활성제 대신 덴마크산 프리미엄 6종 효소프로테아제, 아밀라제, 셀룰라제 등로 탁월한 향균 효과로 세정력을 보완했다. 섬유 유연제 역시 같은 고체 형태로 구입할 수 있으며, 일반 제품에 함유된 양이온 계면활성제나 미세 플라스틱 성분의 걱정이 없다. 제로 웨이스트 숍 알맹상점에서는 직접 체험해보고 사용하는 취지에 맞춰 포장이 없는 낱개1정 단위로도 구매가 가능하다.

고체 세탁 세제

EWG(Environmental Working Group)는 인체에 유해한 환경 물질의 사용을 줄이고 안전한 성분들을 대안으로 제시하는 미국 비영리 환경 연구 단체이다. 안전성 테스트를 통해 총 10등급을 설정하고 소비자에게 객관적 정보를 제공한다. EWG 그린 등급은 가장 유해성분이 낮은 등급으로, 독성이나 유해성이 낮은 성분을 주로 첨가하였을 때 안전하다고 책정된 기준이다.

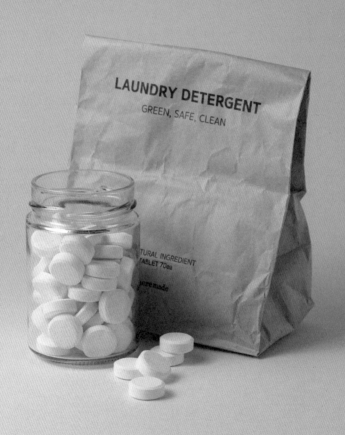

합성섬유 속 먼지를 말끔히 없애는 양모 드라이 볼

폴리에스터 합성 섬유 한 벌을 세탁할 때 약 70만 개 이상의 미세 먼지를 방출한다는 이야기가 있다. 이들이 세탁 후 옷에 붙어 있으면 호흡기와 피부 질환을 일으킬 우려가 있고, 섬유의 미세 플라스틱은 바다를 오염시킨다. 먼지 제거를 위해 세탁한 옷을 건조기에 돌리는 경우가 많지만 근본 해결책은 아니다.

히어메이드의 제품 중 우리에게 조금 생소한 천연 섬유 유연제 양모볼은 옷감의 먼지를 깔끔하게 제거해 청결한 빨래를 완성해준다. 세탁물의 양에 따라 볼 개수를 조절해 함께 넣고 건조기를 돌리면 엉킨 옷감을 풀어주면서 정전기, 구김을 없애고 골고루 건조되도록 돕는다. 촘촘하게 밀착 가공한 볼은 옷감과 부딪히며 섬유 속 깊은 먼지까지 털어내는 동시에 사이사이 공간을 만들어 건조 시간도 단축시켜준다. 뉴질랜드산 100% 유기농으로 화학 처리나 프린팅, 염색을 일체 하지 않은 수공예 제작으로 안전하며 구입한 뒤 2년, 길면 4년까지도 사용할 수 있다.

세탁 건조 볼

양모 볼은 소량 세탁의 경우 2~4개, 대량 세탁이면 5~6개를 넣고 건조기에 돌린다. 일반 세탁기에 사용할 때는 탈수 기능을 한 번 사용한 다음 볼을 넣고 다시 마무리한다. 이때 아로마 오일 한두 방울을 볼에 떨어뜨려주면 향이 옷에 은은하게 밴다.

세탁기 자주 돌리지 않기, 세제 사용 줄이기는 미세 플라스틱 방출을 최소화하는 살림 실천법이다. 그러니 몇 개 나온 빨래를 그때그때 빨아야 할 때는 세탁기를 돌리는 대신 손빨래로 해결하는 것이 좋은데, 이때 요긴한 물건이 빨래판이다. 빨래판에 대한 반응은 꽤 다양하다. 세제의 유해성에 관심 많은 젊은 주부층은 아이 옷의 애벌 빨래나 얼룩 제거를 위해 하나쯤 필수로 갖춘 경우가 많은 반면, 4050 세대에게 빨래판은 추억을 상기시키는 신기한 물건이다.

물 사용, 세제 사용을 줄여야 하는 요즈음, 빨래판을 구비해 속옷, 양말 등 적은 양의 빨래를 바로 빠는 습관을 기르는 것도 환경을 위한 실천법이다. 기능성, 편이성의 명목 하에 실리콘이나 플라스틱 소재 제품도 다양하게 출시되어 있지만 이왕 하나를 구입한다면 화학 처리를 하지 않은 천연 나무 소재를 추천한다. 쉽게 부패하지 않고 강한 내구성을 지닌 편백나무는 물론 소나무, 느티나무 등을 이용한 통원목 빨래판은 사용 후 건조가 쉽고 세균 번식의 염려도 없다. 단, 천연 소재 나무 빨래판의 경우 수공예 제품은 생각보다 가격대가 높은 편이므로 용도와 사용 빈도, 무해성, 수명 등을 두루 고려해 보면 좋을 것이다.

쓸고 닦는 기능에 충실한 청소 도구

필환경 시대, 에너지 절약 차원이라고 하지만 빗자루의 소환은 빨래판만큼이나 시대를 역행하는 느낌을 들게 한다. 그러나 다시 언급하는 바 '최첨단'이 아닌 단순한 기능이 오히려 그 하나의 기능에 충실할 때의 장점도 무시할 수 없다. 그때그때 먼지를 쓸고 버리는 빗자루도 마찬가지다. 빗자루는 무선 청소기에 익숙한 우리가 하루에 몇 분만 당겨 부지런히 움직이는 것만으로 깔끔한 공간을 유지할 수 있는 도구다. 빗자루를 사용하게 되면 주기적으로 교체해야 하는 무선 청소기 배터리도 줄게 되니 일석이조의 효과라고 본다. 청소기와 빗자루의 사용을 병행해가며 공간을 가꾸는 방법을 추천한다.

빗자루

빗자루는 본래 땅에서 나는 자연 소재로 만든 친환경 소품이었고, 이제는 지역 특색을 살린 수공
예품으로 인정받는다. 특히 갈대의 고장인 충남 서천에서 1년생 갈대를 이용해 장인이 제작하는
빗자루(갈꽃비, Reed Broom)는 옛날 방식으로 엮었을 때 하루 20~30여 자루를 만들 수 있다. 현
재 무선청소기와 인조 빗자루에 비해 생활려 관상용으로 전락한 갈꽃비는 수수비와는 다르게 갈
꽃의 부드러움이 섬세한 먼지까지 쓸어 주는 장점을 지니고 있어 아직까지도 그 명맥이 유지되고
있다.

접거나 손잡이 부분까지 펼칠 수 있어 용도에 따라 다양한 사이즈로 사용할 수 있다. 천연 재료로 만들어 색상이나 사이즈가 조금씩 다를 수 있다. 같은 천연 소재인 라탄과는 차이가 있다. 라탄은 등나무 줄기로 수납 바구니, 트레이 같은 단단한 제품을 만드는 반면, 해초류는 다용도 바구니나 러그 등 잘 휘어지는 제품에 사용된다. 천연 소재에 화학 물질 가공 없이 리빙 소품을 만드는 브랜드 온전히지구에서는 이외에도 야자수잎, 대나무, 쌀겨 등을 이용한 다양한 기능성 아이템을 선보이고 있다.

Interview
오은경

사는 곳 독일 함부르크
직업 프리랜서 번역가
가족 구성원 반려인 2명
제로 웨이스트 활동 연차 6년
제로 웨이스트 비율 90% → 20%

예전에는 정말 안 쓰려고 노력해 90~95% 정도 쓰레기를 만들지 않고 살았던 것 같아요. 그 당시는 장거리 연애였고 혼자 사는 시기도 거쳐서 훨씬 수월하게 지킬 수 있었던 것 같아요. 사실 쓰레기를 버리러 나가는 것이 귀찮고, 종량제 봉투를 사는 것도 돈이 아까워 줄였던 것도 있고요. 이후로 독일에 살게 되었고, 이때도 포장재로 나오는 상품이 적어 자연스럽게 가능했던 것 같아요. 남편도 본래 환경문제에 관심이 있었기 때문에 서로 중요하게 생각하는 가치에 충실하게 살 수 있었던 것 같은데 아기가 태어난 후로는 참 많은 쓰레기를 만들고 있다는 생각이 들어요. 즉 현재의 제로 웨이스트 지수는 20% 정도 되는 것 같아요. 아기 용품들을 쓰는 것도 있지만 아무래도 아기를 낳고 여유가 없어지다 보니, 예전 같으면 조금 귀찮아도 여러 번 쓸 수 있는 것을 조금은 놓치게 됩니다. 매일 남편과 이야기합니다.
"우리 나중에 나무 많이 심자."

자기 소개를 부탁드려요

프리랜서 번역가이자 연구원으로 일하고 있고, 현재 독일에 거주하며 인스타그램에서 '무포장 채널'을 운영합니다.

제로 웨이스트 활동을 시작한 계기는

6년 전 퇴사를 한 뒤 두둑한 지갑을 들고 북유럽으로 여행을 갔어요. 그곳에서 만난 친구들과 이동하던 중 빵을 사기 위해 슈퍼에 들렸는데, 크루아상을 봉지에 담지 않고 가방에 바로 넣는 거예요. 위생봉지를 못 봤나 보다 싶어 가져다줬더니 '어차피 금방 먹을 건데 굳이 플라스틱 쓰레기를 만들고 싶지 않아.'라고 하더군요. 순간 뭐지? 하는 충격을 받았어요. 어느 날은 피크닉에 초대받았어요. 일회용 컵에 술을 마시는 친구들이 컵에 자기 이름을 써두는데, 궁금해서 물어보니 딱 자기 컵만 쓰기 위해서였어요. 저도 머리로는 플라스틱 쓰레기가 많이 나온다고 생각했지만 이렇게 또래 친구들이 생활 속에서 아무렇지도 않게 실천한다는 사실이 충격적이었고, 또 멋있게 느껴졌어요. 그러면서 한번도 생각해보지 않던 자신이 부끄러웠고 일상을 다시 되돌아보게 됐어요. 내가 그동안 무심코 쓴 위생봉지들은 모두 썩지 않는 것인데

다 어디로 갔을까? 샴푸통, 치약 튜브도 안 썩는 것들인데 어디로 갔을까? 생각할수록 아찔해졌고, 이렇게 하나씩 쓰레기 안 만드는 방법을 찾기 시작했어요.

실천에 익숙해지기까지 걸린 기간은

생활하면서 보이는 것들을 하나씩 바꿔나간 덕분에 시간은 생각보다 오래 걸리지는 않았던 것 같아요. 한번 인식이 확 생기고 나니 카페를 가도 '이 빨대 안 썩는 거잖아', 화장품 가게에서 샘플을 줘도 '받아봤자 안 쓰고 또 쓰레기가 되니까 거절하면 되겠네' 하는 생각이 들더라고요. 머릿속으로 다 알고 나서 바꾸는 게 아니라 그때그때 보이는 것들을 바꾸다 보니 어렵지 않았고, 줄일 수 있는 방법들도 참 많았어요. 대체품을 찾는 고민과 과정이 재미있는 게임같이 느껴지기도 했고요.

제로 웨이스트를 한 마디로 정의한다면

결국 '더 나은 세상을 만들고자 하는 하나의 노력'이 아닐까요. 제로 웨이스트러라고 해서 쓰레기를 하나도 만들지 않는다는 것은 사실 불가능하잖아요. 그럼에도 노력을 통해 단순히 쓰레기 문제를 넘어 더 나은 세상을 만들어가고자 하는 모습. 이것이 가장 중요한 실천 자세라고 생각합니다.

무포장을 시작한 계기는

무포장은 2018년부터 시작했어요. 관련 문제 의식을 계속 갖고 있었고 친구들과 만나 이야기하다 보니 많이들 공감하더라고요. 그리고 제가 독일 함부르크에 있을 때 친구들이 놀러왔는데, 쓰레기를 안 만들려고 하는 제로 웨이스트 카페나 상점 같은 곳을 보면서 매우 멋지다고 생각했던 것 같아요. 유럽의 젊은 친구들 사이에서는 환경을 생각하는 것이 힙한 문화라고 생각하는데, 이렇게 주변 사람들이 공감해주는 문화를 확인한 거죠. 한국에서도 환경운동에 대해 고리타분한 메시지가 아니라 실은 멋진 것이라는 메시지를 주면 사람들의 생각도 긍정적으로 변화하지 않을까 해서 시작했어요. 그래서 환경운동이라기보다는 매일 쉽게 할 수 있는 것들이나 쓰레기를 안 만드는 데 실패한 이야기같이 제 일상을 재미있게 공감할 수 있는 내용을 하나씩 올리기 시작했는데, 많은 분들이 저와 같은 생각을 하고 있다는 사실을 알게 됐어요.

최근에는 제보를 받아 공론화하는 역할도 하잖아요

이것도 자연스럽게 시작이 된 부분이에요. 제가 계정을 운영하다 보니 주변 친구와 지인들로부터 카톡으로 먼저 연락이 오더라고요. '오늘 이런 곳에 왔는데 이런 게 있어', '주스를 사 먹었는데 이런 게 있네?' 하나씩 제보를 해주는 거예요. 그래서 이런 정보는 널리 알리는 게 좋겠다 싶어 자연스럽게 무포장 제보를 올리기 시작했어요. 이걸 팔로워 분들도 좋게 보셨는지 무포장 제보를 보내주시더라고요.

무포장 운영 중 기억에 남는 사례나 제보는

코로나19로 일회용 마스크 쓰레기가 한창 이슈일 때였어요. 12살인 초등학생 자녀가 쓰레기로 버려지는 마스크가 아깝다며, 끈을 전부 오려서 머리끈으로 만들어 사용한다는 내용을 학부모님이 제보해 주신 게 기억에 남아요. 캐나다에 사는 한 분은 결혼식 자체를 제로 웨이스트로 하고 싶어 불필요한 포장을 피하고, 결혼반지나 예물은 모두 빈티지 숍에서 구매하고, 웨딩드레스도 중고로 구매하셨더라고요. 본인이 어떻게 제로 웨이스트 결혼식을 했는지 사진도 보내주셨는데 참 예뻤고 특히 기억에 남습니다. 그리고 약사 분의 제보가 있었는데 매일 약 쓰레기가 엄청나게 나온대요. 용기들이 다 플라스틱이고, 재활용하려면 라벨을 제거해야 하는데 정말 안 떨어지고요.

제약회사에서 라벨을 떼기 좋게 생산해주면 좋겠다는 생각에 환경단체에 이야기하고 환경부 간담회까지 가 이야기를 했는데, 공정 시스템을 바꿔야 하기 때문에 쉽지 않다는 부정적인 답변을 받았다고 해요. 게다가 오히려 '당신이 SNS를 통해 화제를 만들면 될 거다'라고 했다는 겁니다. 그것도 환경부 간담회에서요. 제보를 읽고 저도 씁쓸했습니다. 개개인이 할 수 없는

부분을 위해 환경부나 환경단체가 있는 것인데 '개인인 네가 이슈를 만들면 우리가 움직일게'라는 논리잖아요. 정말 어처구니 없고 당황스러웠던 에피소드입니다.

주변 사람이 제로 웨이스트에 대해 생각하는 인식은 어떤가
먼저 돈이 많이 들지 않냐는 질문이 있는데, 이는 하기 나름입니다. 제로 웨이스트가

하나의 삶의 방향이 아니라 점점 마케팅 도구로 사용되고, 트렌드로 자리잡으면서 시장이 형성되고, '이걸 써야 합니다' 하며 어필하는 제품도 엄청나게 늘었죠. 그러면 비싸요. 돈이 많이 들어요. 제가 처음 제로 웨이스트에 관심이 많다고 했을 때 외국의 몇몇 친구들도 '그거 돈 많고 시간 많은 사람들이 하는 취미 아니냐'고 하더라고요. 그렇게 볼 수 있는 것이 환경에 좋은 물건들(=유기농)은 비싸고, 일회용을 쓰고 버리면 될 것을 빨아 쓰고 해야 하니까 시간도 들어가죠.

그런데 저는 제로 웨이스트의 시작은 '덜 쓰는 것'이라고 생각하거든요. 안 쓰고 살 수는 없으니까요. 당연히 덜 쓰면 소비가 줄고, 새로 사는 대신 중고로 산다면 확실히 비용은 많이 들지 않아요. 쉽게 말해 손세정제 따로, 샴푸 따로, 바디샤워 따로 쓰지 않고 샴푸와 바디샤워 겸용 비누를 쓰면 되는 거죠. 그렇게 하면 욕실의 용기 제품들은 확실이 없어져요.

소비 가치관이 바뀐 부분이 있다면

불필요한 것을 걸어내고 내게 정말 필요한 것이 뭔지 판단하는 '내가 더 중심이 되는 삶'입니다. 다른 사람들이 이걸 샀기 때문이 아니라 내가 필요하니까 사는 거죠. 예전에는 사고 싶다란 욕구에 의해 샀다면 지금은 욕구를 차치하더라도 얼마나 오래 쓸 수 있는지, 망가졌을 때 고칠 수 있는지, 폐기와 생산 과정에서 환경문제는 없는지 끊임없이 체크를 한 다음 만족스러우면 구입해요. 전체에 부합하지 않을 때는 고민을 더 하고요.

제로 웨이스트 실천을 지속가능한 나만의 노하우는

일단 시도를 하는 것이 중요하되 오래 하겠다는 마음가짐이 결코 부담이 되지 않아야 해요. 어쨌든 한번 시도를 해봤다는 것은 환경문제에 관심이 있기 때문이고, 중단했다가 다른 계기로 자극 받아 다시 시작할 수도 있고요. 하루에 한 가지, 빨대를 안 쓰거나 영수증을 받지 않는 것 등에 스스로 칭찬을 해주는 습관 기르기를 추천합니다. 저 역시 아기를 낳은 뒤 쓰레기를 만들게 되면서 스트레스를 받기도 했지만 무심코 쓰는 것과 의식을 갖고 불편한 마음으로 쓰는 것에는 큰 차이가 있다고 봅니다.

물건을 살 때의 선택 기준은

우선은 일반 생필품을 살 때 가장 먼저
'정말 필요한지'를 오래 고민하는 것 같아요.
그리고 오래 쓸 수 있는지, 리필이 가능한
건지, 고장이 나도 고칠 수 있는 지까지
생각하는 것이 보통 기준인 것 같아요.
요즘은 한 가지 카테고리 내에서도 다양한
제품이 출시되다 보니 업체가 윤리적
경영을 하는가, 유기농 제품인가의 문제도
따져봐요.

**단순히 제품 구매하는 것을 넘어, 계속
정보를 접하고 배경지식을 쌓아 나만의
기준을 만드는 것도 좋겠네요**

무언가를 배우려면 시간적 여유가 있어야
하잖아요. 그런데 일반 소시민은 너무나
삶이 바쁘고 생각할 여유조차 없고요.
한편으로는 정부 주도로 환경 규제를
세워 소비자가 따지고 구매할 필요
없이 정부에서 차단을 해줘야 하는데,
우리나라는 그런 부분이 뒤떨어지는 게
아쉬운 점입니다. 요즘 아기를 키우면서
정말 많은 쓰레기를 만들다 보니, 많은
부분이 소비자에게 전가되어 있다는 생각이
들어요. 제 몸이 힘들고 시간적 여유가 없다
보니까 어쩔 수가 없는 거예요. 예전이라면
쓰지 않았을 것들을 알면서도 쓰게 되는

거죠. 그렇기 때문에 더욱 더 정부 규제를
통해 기업들이 덜 해로운 제품을 만들고
소비자가 생각 없이 써도 환경에 영향이 덜
가는 제품들이 나왔으면 좋겠어요.

나의 첫 제로 웨이스트 제품은

의식적으로 찾아 구매한 제품은 대나무
칫솔, 설거지 비누, 샴푸바 3가지에요.
독일에 있는 동안 남자친구가 룸메로 같이
사는 집의 방에서 함께 머물렀는데, 5명이
사는 집이라 욕실용품도 5명분이어서
소지품을 줄여야 하는 상황이었어요.
환경을 위해 샴푸도 비누 타입이 있으면
좋겠다고 생각했는데, 마침 동네 마트에
제로 웨이스트 숍이 생겼고 여기서

고체샴푸를 구매했어요. 이걸 쓴 뒤 두피 트러블이 없어져서 너무 좋았고, 비행 중 액체 소지가 안 되는데 반해 비누 제품은 소지할 수 있는 점도 좋더라고요. 대나무 칫솔은 유럽에서 생산되는 것을 보고 써볼까 했지만 칫솔헤드가 너무 커 사용감이 좋지 않았어요. 한국에 돌아와 보니 닥터노아 제품이 출시되었길래 사용하기 시작했어요. 이후로 다른 것들도 눈에 들어오더라고요. 연쇄적으로 치약도, 화장솜도 바뀌게 되었어요.

가장 애용하는 제로 웨이스트 제품은

비누를 정말 많이 써요. 욕실에 샴푸와 바디용으로 2개, 주방에 설거지 비누 그리고 아이기저귀 애벌빨래 용으로 빨래비누를 써요. 특히 설거지 비누는

올리브유나 식물 기름이 베이스인 비누가 안전하다고 해 알레포 비누나 마르세유 비누를 설거지 용으로 사용하고 있어요. 안전한 성분인데 세척력도 좋더라고요.

특히 제로 웨이스트화가 필요하다고 생각하는 제품은

아기용품은 성인이 사용하는 제품에 비해 여전히 과포장이 많은 것 같아요. 예를 들어 이유식 용기나 공갈 젖꼭지도 어차피 세척을 하고 사용할 텐데 이중 삼중 포장이 되어 있고, 옷도 속 비닐 포장에 유산지가 깔린 데다가 각 잡힌 박스에 들어 있어요. 선물용으로 예쁘게 보이기 위해 불필요한 포장재를 많이 사용하는 거죠. 이렇듯 전반적인 변화는 있다 해도 아기용품에 있어서는 시도가 많지 않다는 생각이 들어요. 아마 성인용 제품에 비해 더 예민하게 받아들이는 종류라서 생산자 입장에서는 컴플레인을 최소화하기 위함일 듯하고, 소비자도 아기용품에 대해서는 덜 비판적이기 때문인 것 같아요. 딜레마가 있어 참 어렵네요.

제로 웨이스트에 있어 이건 좀 아니라고 생각되는 부분은

현재 변화가 일어나고 있는 단계에서

느끼는 점이 있습니다. 비닐이나 플라스틱은 나쁘고 종이나 유리면 무조건 면죄부를 주는 이분법적인 사고를 넘어서 총체적이고 통합적으로 생각해야 한다는 것이에요. 단순히 포장재를 줄이는 일 이외에 포장재 소재가 무엇인지, 얼마나 친환경적인지를 더 따져봐야 하지 않을까요. 뽁뽁이를 종이완충재로 바꿔도 똑같이 일회용으로 버려진다면 이건 친환경적일까 하는 생각도 들어요. 이미 생산된 뽁뽁이를 모아두었다가 재사용하는 방법도 있는데 말이죠.

환경부 주도의 이벤트에서 사은품으로 재활용 플라스틱 보자기를 주는 것도 의문이었어요. 보자기가 결국은 플라스틱이고 합성섬유이고 미세플라스틱 문제에서 자유로울 수 없는 거죠. 그런 면을 감추고 재활용 플라스틱을 써서 친환경이라고 하는 부분에 질문을 던져야 할 때인 것 같아요.

무포장 계정처럼 SNS의 강력한 연결성은 자신과 주변을 바꾸는 힘이 되어줍니다. 제로 웨이스트를 시작하는 사람들이 어떻게 매체를 활용하면 좋을지, 또 어떠한 영향력을 줄 수 있을지 조언해준다면

무포장을 처음 시작했을 때 '절대 환경운동으로 비춰지지 않았으면 좋겠다'고 생각했어요. 어렵거나 진부하거나 고리타분하게 느껴질 수 있을 것 같아서요. 그저 환경에 관심 있는 평범한 개인인 제가 조금이나마 세상에 도움이 되었으면 하는 마음으로 매일 이런 저런 것을 해본다는 정도의 느낌이길 바랐죠. 좋은 영화를 보면 주변에 '야, 이거 봐봐'라고 이야기하고 싶어지잖아요. 그와 일맥상통하는 의미에요. '제로 웨이스트는 생각보다 성취감이 굉장히 좋고 세상에 도움되는 일같이 느껴지고 뿌듯하니 당신도 한번 해보세요. 우리 이런 것을 하며 수다 떨어요.' 이런 메시지인 거죠. 다행이 그렇게 봐주는 분들이 있었고 조금씩 커지게 됐어요. 기사나 다른 매체는 일반인이 참여해 함께 수다 떨 수 없는데 SNS는 그게 가능하다는 큰 장점을 지녔어요. 나 혼자 하고 있는 것이 아니구나 하는 반가운 마음과 더불어 더 열심히 해야지 하는 동기부여도 되고요.

내가 바라는 제로 웨이스트의 미래는

1~2년 전만 해도 일회용품 없는 미래를 꿈꿨을 텐데 지금은 점차 가시화되는 것이 보입니다. 앞으로는 누구나 자연스럽게 환경문제에 대해 건강한 토론이 가능한 세상이 됐으면 좋겠다고 생각합니다.

재생지로 만든 가장 가벼운 접이식 스탠드

일상 소품 중 가장 익숙하면서도 기능, 디자인을 따져 선택하는 물건이 책상 위 문구류다. 이들 역시 기존에 쓰여온 제작 소재와 방식을 벗어나 친환경 디자인에 동참해가고 있으며, 최근에는 디자인과 기능성을 모두 갖춘 재활용 제품도 다양하게 찾아볼 수 있다. 환경을 직시하고 해결책을 제시해 사회를 좀 더 나은 방향으로 바꾸고자 하는 디자인이 좋은 것임을 공감하기 때문이다. 크라우드 펀딩 플랫폼에서도 친환경적 아이디어 제품은 계속해 업데이트되고 있다. 이를 대표하는 디자인 제품으로 소개하는 것은 환경과 상생에 가치를 둔 디자인 스튜디오, 그레이프랩의 종이 거치대다. 어떤 가공도 거치지 않은 재생 종이가 접어서 휴대하고 펼치는 순간 튼튼한 노트북 거치대로 변신하니 독창성과 유용성에 놀라게 된다.

'썩지 않는 쓰레기가 될 제품은 디자인하지 않겠다'는 철학을 지닌 그레이프랩의 시그너처 제품 G.stand는 랩탑, 태블릿, 스마트폰 등을 올려 사용하는 멀티 스탠드다. G.stand가 2017년 크라우드 펀딩에 등장해 대단한 성과를 얻었고, 2018년 스튜디오를 오픈한 이래 시리즈 제품을 출시하며 현재에도 지구에 무해한 친환경 디자인의 결정판이라는 평가를 받는다. 폴딩 테크닉 Folding Technique을 적용해 만든 제품은 화학 접착제를 일체 사용하지 않고 독자적인 아코디언식 종이접기 구조만으로 완성했다. 45g 고급 재생지친환경 재생종이 한 장으로 만든 스탠드임에도 5kg의 무게까지 버틸 수 있는 내구성을 지녔으며, 노트북 타이핑에 최적화한 각도로 기능성도 뛰어나다. 그레이프랩은 브랜드 시작부터 발달장애 제작진, 아티스트와 동반 작업을 이루며 상생의 디자인을 실현하는 중이다.

노트북 거치대

2019년 그레이프랩은 100% 재생용지를 사용하는 노트북 거치대가 플라스틱 제품에 비해 이산화탄소 감축 효과가 어느 정도인지 측정한 바 있다. 플라스틱 제품을 사용할 때보다 이산화탄소가 99% 가까이 줄어들고, 물 사용량도 90% 이상 감소하는 것으로 나타났다. (출처: 월간 신동아)

우리가 사용하는 각종 종이 노트에 재생 용지를 사용하는 이유는 나무를 베지 않고 숲을 보존할 수 있기 때문이다. 전세계에서 이뤄지는 벌목의 최소 30% 정도가 종이를 만드는 데에 사용되는 것으로 알려진 만큼 종이 생산과 숲의 파괴는 깊은 연관성을 지닌다. 반면 재생 종이는 폐종이와 함께 사탕수수, 코코넛, 대나무 껍질 등 다양한 소재를 원료로 해 만들 수 있으며, 재생지를 사용할수록 나무와 지구를 지킬 수 있다.

이미 종이 업계 등 종이 소비재를 만드는 대부분이 친환경 용지로 전환 중이고 재생 종이를 이용해 만든 문구 브랜드와 제품도 매우 다양하고 개성적이다. 제로 웨이스트 숍 더피커는 FSC 인증 100% 재생 종이로 노트를 만든다. 내지는 나무를 베지 않은 사탕수수 부산물로 만든 종이를 사용하는 데다가 접착제 없이 무형광 순면실로 제본하고, 잉크를 1/3로 줄인 에코폰트 적용과 콩기름 잉크로 인쇄한다. 업사이클링 소재의 모티프를 반영해 정체성을 표현하는 패션 브랜드도 있다. 큐클리프에서 제작하는 노트 '레코드 그래픽스 프로젝트'는 고유의 리사이클링 소재인 버려진 현수막 패턴을 모티프로 표지를 디자인한다. '그래픽을 기록한다'는 의미이며 내지는 재생 종이와 콩기름 인쇄를 기본으로 한다.

더피커에서 만든 노트들은 종이 뿐만이 아니라 인쇄 잉크에 있어서도 제로 웨이스트를 실천 중이다. '에코 폰트'는 작은 구멍을 뚫어 잉크를 절약하게 만드는 글꼴로서 네이버에서 '나눔글꼴에코'를 다운, 설치해 사용한다. 문서를 출력할 때 미세 구멍 안으로 잉크가 번지면서 채워지며, 이 방식으로 최대 35%까지 잉크를 줄일 수 있다. 에코 폰트를 일상화한다면 엄청난 양의 잉크 카트리지 소비와 폐기량은 물론이고 제작 시 발생하는 이산화탄소의 양도 줄일 수 있다.

친환경 종이,
제대로 알고 사용하자.

앞서 설명했듯 종이의 자연분해 능력은 비닐이나 플라스틱, PVC는 비교가 되지
않을 만큼 뛰어나다. 그러니 나무를 베지 않고 만드는 재생 용지는 단연 친환경
소재라고 할 수 있을 것이다. 단지 사용함에 있어 한 가지 알아둘 점이 있다.
우리는 일반적으로 재생지라고 하면 무조건 친환경과 연관 짓지만, 사실은 다양한
조건에 부합할 때 친환경성을 인정받을 수 있다. 게다가 무분별한 재생은 탈묵,
오수처리 등의 과정에 화학적 방법이 사용되어 자칫 환경파괴의 원인이 *인쇄된 용지에서*
될 수도 있다. 친환경 종이임을 확인하는 몇 가지 주요 항목들은 이하의 *잉크를 제거해 백색*
펄프를 만드는 것
내용을 참조해보기 바란다. 이밖에 인증마크를 통해 확인할 수 있는 친환경
국제인증 종이도 있다.

재생지

재생지는 종이 생산 과정에서 나오는 자투리나 사용한 종이를 회수·탈묵해 펄프와 혼합한 것, 또는 재생 고지古紙를 다양한 비율로 혼합해 만든 종이다. 재생지는 나무가 자라는 시간을 기다리지 않고 바로 종이의 원료가 될 수 있으며, 이는 재생 비율을 높이는 만큼 나무를 베지 않고 목재 소비를 줄이게 된다는 의미다. 만약 우리나라 한 해 종이 소비량의 10% 정도만이라도 '재생 펄프가 40% 함유된 재생지'를 사용한다면 하루에 약 26,000그루의 나무를 살리는 효과를 볼 수 있다. 출처: 어라운드랩

비목재

종이 목재 이외에 식물이나 농산물의 부산물찌꺼기을 원료로 제조한 종이를 말한다. 종이용 목재의 소비를 줄이는 한편 다양한 시각적 효과를 주기도 한다. 사탕수수, 옥수수, 각종 과일 껍질이나 부산물, 코튼, 홉찌꺼기 등등 여러 가지 재료가 종이 원료로 쓰인다. 예를 들어 '크러쉬 그레이프'라는 종이는 와인 공장의 포도 부산물이 함유된 생태 종이로 40%의 재생지, 15% 정도의 포도 찌꺼기를 종이 펄프로 사용한다.

중성지

중성지는 종이를 제작하면서 성질 개선을 위해 넣었던 각종 첨가물이 산성 성분인 문제를 개선하기 위해, 종이의 ph를 개선한 종류다. 중성지는 색 바램과 황변 현상이 적어 장기간 보존하는 책이나 문서 작성에 좋다산성지는 노랗게 변색된다. 또 재활용에도 도움이 주며, 요즘 우리가 쓰는 대부분의 종이는 중성지라고 보면 된다. 우리 전통 한지 역시 대표적인 중성지다.

FSC인증

산림인증제도는 지속가능한 목재 생산을 위해 관리된 인공림에서 생산되었음을 인증하는 것이다. 제지를 위해 관리된 숲과 그곳에서 생산된 임산물 바르게 이용하도록 관리하는 기능이다. 따라서 FSC 인증마크가 있는 종이는 자연을 파괴하지 않았음을 증명한다.

ECF 무염소 표백 펄프

종이 표백 시 사용되는 염소 성분을 폐수로 방출하면 환경오염의 원인이 된다. 표백 과정에서 염소를 사용하지 않아 다이옥신을 현저히 줄이거나 전혀 발생하지 않는 생산 방법이다.

식품 포장용지 인증 식품위생법과 위생용품 관리법에 따른 식품 포장용지 시험을 통과하여 인증을 받은 종이로, 인체에 무해하여 식품에 닿는 친환경 포장 종이로 사용할 수 있다.

한 장씩 뜯어 쓰기 편리해서, 혹은 각양각색의 디자인에 반해 무심코 사 모으는 문구류가 메모지일명 떡메모지다. 그런데 가격 부담이 없어 충동 구입을 하다 보면 한 묶음을 다 쓰지 못한 채 방치되다 버려지고 새것으로 교체되는 일이 허다하다. 기능성 제품임에도 의외의 종이 쓰레기가 되고 마는 메모지를 현명하게 사용하는 방법의 하나로, 순기능에 환경 메시지까지 담은 제품을 소개한다.

'자연에 머무르다'라는 의미의 환경 문구 브랜드 스테이그린Stay Green이 만든 메모 패드는 제로 웨이스트를 시작하는 초보자들에게 적합하다. 우선은 제품 자체의 친환경성으로, 내지와 패키지 모두 100% 사탕수수 부산물로 만든 종이를 사용했다. 사탕수수 종이는 미생물에 의해 빠르게 생분해 되어 자원의 건강한 순환을 돕는다. 형광증백제나 화학물질을 첨가하지 않아 안전하며, 자연 그대로의 색상은 눈의 피로를 감소해준다. 이와 함께 10여 가지가 넘는 디자인은 '세이브 더 터틀', '플로깅 데이', '탈플라스틱', '그린슈머' 등 필환경과 관련한 메시지를 지녔다. 컨셉별 디자인에 따라 일반 메모지 용도 이외에 자신만의 환경활동 기록을 남길 수 있도록 고안한 것이다. 매일 실천한 제로 웨이스트 행동을 정리하는 시간을 가지면서 환경에 대해 다시 한 번 생각하는 시간을 보낼 수 있다.

자연 훼손과 낭비를 줄이는 비목재 종이

하루동안 내가 사용하는 종이의 양이 얼마만큼인지 생각하는 사람은 의외로 많지 않을 것이다. 업무 용지와 바로 버리는 종이 영수증에서 종이컵, 택배 종이 박스까지 종이가 없는 생활이란 감히 상상할 수도 없다. 하지만 종이 역시 환경 문제에서 벗어날 수는 없다. 지금까지 종이를 만들기 위해 많은 숲이 사라져왔으며 재활용 종이도 무조건 친환경적인 것만은 아니다. 가공 과정에서 많은 자원을 사용하고 화학약품도 첨가되기 때문이다. 결국 종이의 분리 배출이나 재활용도 알고 보면 플라스틱만큼이나 복잡한 사안을 지녔다.

최근에는 종이 사용량을 줄이기 위한 '페이퍼리스', '탄소 다이어트' 등의 다양한 시도가 등장하면서 종이 없는 디지털 문서화가 숲을 살릴 수 있다고 전망한다. 그러나 종이책과 문서가 꾸준히 줄고 있음에도 현 시점의 종이 생산과 소비는 해마다 느는 추세다. 누구나 사무실과 가정에서 쉽게 복합기를 접하면서 한 번 읽고 버려지는 각종 프린트물이 많아졌고, 택배 포장 박스나 종이 포장재 역시 엄청나게 늘었기 때문이다. 결국 이후로 종이 소비량을 줄이는 것은 각자의 '어떻게 사용할 것인가'에 대한 진지한 생각이 필수적일 것이다.

쉽게 사용하고 바로 버려지는 복사 용지는 사용량을 최대한 줄이고 비목재 종이를 활용하는 것이 대안일 수 있다. 사진의 복사 용지는 설탕의 주원료인 사탕수수로 만든다. 설탕을 생산할 때 버려지는 잔여물로 펄프를 만들어 업사이클링하며, 재생 제품과 FSC 인증 제품을 넘어 자연 훼손을 없앤 비목재 종이는 '3세대 친환경 제품'으로 불리기도 한다.

종이를 만드는 천연 펄프 1톤을 생산하려면 지름 20cm, 높이 12m 나무를 기준으로 총24그루의 나무가 필요하다고 한다. A4용지 한 장을 만들기 위해서는 물 10리터가 사용되고 2.88g의 탄소가 배출된다. 2017년 기준으로 우리 국민의 1인당 연간 종이 소비량은 191.4kg이며 세계 순위에 들 정도다. 우리가 쓰는 복사용지 중 10%만 사탕수수 종이로 바꿔도 하루 760그루, 매년 27만 그루의 나무를 살릴 수 있다.(출처: 스테이그린)

연필은 취향에 따라 마니아의 물건이거나 거의 사용하지 않는 물건 둘 중 하나다. 연필을 쓰는 사람이 제로 웨이스트를 실천하는 방법은 무엇일까. 기존 연필 소재에 포함되는 플라스틱, 접착제나 화학성분이 없고 자연 생분해로 퇴비가 되는 제품을 사용하면 나무를 베지 않고 깨끗한 자원 리사이클링에 동참할 수 있다. 책에서는 자연에서 자연으로 흘러가는 지속 가능 필기구, 천연 소재 연필 2가지를 소개한다.

우선은 커피박찌꺼기로 만든 연필. 우리나라 성인의 1년 커피 소비량은 약 512잔이고 연간 버려지는 커피박의 양은 50여 톤이라고 한다. 2019년 기준 커피박은 거의 재활용되지 못한 채 소각되거나 엄청난 비용을 들여 처리하므로 이를 재활용, 또는 새활용해 만든 제품은 환경적으로나 경제적으로 큰 기여를 할 수 있다. 100% 천연 커피박을 업사이클링한 연필은 커피박과 채소 추출물을 섞어 만든 '천연 커피 점토'로 수작업해 만든다. 식품 혼합물만으로 되어 있어 인체에도 무해하며, 은은한 커피 향으로 천연 방향 효과를 얻을 수도 있다. 땅 속 묻히면 한 달 이내에 자연 분해된다. 또 하나는 재생 신문지로 만든 연필로, 자연을 생각하는 디자인 브랜드 지구나무에서 예쁜 케이스와 함께 선보이며 다시금 주목받게 된 아이템이다. 버려진 신문지를 그대로 사용해 자원순환에 도움되는 종이 업사이클링 제품으로, 깎으면 신문지의 인쇄 면이 자연스럽게 드러나는 아이디어도 멋스럽다. 이들 모두 제로 웨이스트 숍에서 구입 가능하다.

한 번 사용하고 버리는 일이 많은 일회성 쇼핑백 쓰레기를 즐겁게 줄일 수 있는 신박한 물건을 소개한다. 평평한 종이 한 장이 입체적인 그물 모양으로 변신하는 쇼핑 백은 다회용 포장재 기능까지 고려한 아이디어 제품이다. 화분 커버 등 데커레이션용으로, 식자재 수납용으로 그리고 개성적인 선물 포장 봉투로도 사용할 수 있으며 몇 번이고 반복해 사용할 수 있다. 특히 밋밋한 화분을 담아 플랜테리어를 즐기기도 좋은데, 내수·방수 효과가 있어 화분만 들어 물을 주고 쉽게 관리할 수 있다. 또 작게 접어 가방 속에 넣어 다니며 비상용 장바구니로 활용할 수도 있다. 사용할 때는 양쪽 손잡이 부분을 잡고 중앙 부분을 천천히 밀어주면 간단하게 모양 잡을 수 있다.

기능만큼이나 예쁘고 개성적인 그물 백의 디자인은 뛰어난 인장강도의 소재와 무게를 분산시키는 구조를 지녔다. 따라서 얇고 가벼운 종이 한 장이지만 백 상태에서 최대 7kg 무게까지 지탱이 가능하다.사용할 때는 4kg 이내의 내용물 수납을 권장한다 튼튼하기만 한 게 아니다. 제품을 만드는 친환경 소재인 타이벡은 고밀도 폴리에틸렌HDPE으로 제조해 분리배출 시 플라스틱으로 100% 재활용이 가능한 소재다. 또 완전 연소하면 인체에 무해한 물과 이산화탄소로만 분해되고, 매립해도 토양에 화학 물질이 유출되지 않아 지구에 안전하다. 디자인 스튜디오 임성묵에서 만들었으며 패턴 역시 레트로 도트, 스트라이프, 그러데이션, 허니콤 등을 취향대로 선택할 수 있다.

비대면 상황이 증가하면서 엄청난 양의 택배 상자가 쓰고 버려지는 시대다. 몇몇 온라인 마트의 경우 친환경 포장재와 함께 포장재 수거 서비스를 도입하고 있으나 아직까지는 대부분 종이 박스를 받고 스스로 분리배출을 해야만 한다. 물론 재사용 하는 것도 좋은 방법이다 이때 무척 번거로운 것이 박스의 비닐 테이프를 일일이 제거하는 과정인데, OPP 테이프는 썩지도 재활용되지도 않아 환경오염의 주범이 되기 때문이다. 게다가 박스에서 떼어낸 비닐 테이프 쓰레기의 양도 만만치 않다.

이런 문제를 해결하고자 종이 테이프를 사용하는 업체가 늘었지만, 접착 기능이 떨어지거나 반짝거리는 코팅 면 등을 보면 '그린워싱'은 아닌지 의문이 생기기도 한다. 책에 소개하는 스테이그린의 종이 테이프는 친환경 크라프트지 소재로 택배 박스 배출 시 테이프를 제거하지 않아도 된다. 일반 종이 테이프는 일반 쓰레기다 천연 고무 접착제를 사용하며, 친환경 특수 코팅NON-PE을 이용해 환경 표시 인증 기준에 부합하는테스트를 완료했다. 테이프끼리 이중으로 겹쳐 부착해도 들뜸 현상이 없으며, 특수 표면 처리로 방수 기능도 갖췄다. 무지 타입과 취급주의 프린트 타입을 선택할 수 있다.

그린 워싱은 '위장환경주의'를 의미한다. 기업이 제품의 생산 과정에서 발생하는 환경오염 문제는 축소하고, 재활용 등 일부 과정만을 부각시켜 마치 100% 친환경인 것처럼 홍보하는 것이다. 일반 종이 테이프도 친환경 제품임을 어필하지만, OPP 테이프처럼 떼어내기 쉽도록 접착 반대 면에 표면 실리콘 코팅 처리를 한다. 이는 재활용이 불가능하므로 일반 쓰레기로 분리해야 한다.

택배 발송 양과 함께 박스 속을 채우는 완충제의 소비량도 급증했다. 상품 훼손을 막기 위해 그동안 에어캡 등의 비닐 완충제를 남용해왔다면 최근에는 친환경 소재의 대체제로 바뀌는 추세로, 우체국에도 뜯어 쓰는 종이 완충제가 비치되어 있을 정도다. 재활용이 가능하거나 생분해되어 환경에 악영향을 미치지 않는 대표 포장재, 완충제 제품 몇 가지를 소개한다.

종이 뽁뽁이라고 불리는 에어 페이퍼는 비닐 에어캡을 줄이기 위한 대표 포장 및 완충제로, 코팅이나 왁싱 처리를 하지 않은 100% 크라프트지로 만들어 종이 분리수거, 재활용이 가능하다. 벌집처럼 칼집 가공을 해 늘어나는 성질을 지녔고 완충제 대신 포장지로 사용해도 멋스럽다. 리그린폼은 옥수수 전분으로 만든 완충제로 간편한 폐기가 장점이다. 싱크대나 화장실에 넣으면 물에서 녹고, 매립하면 3일 내에 생분해되는 것으로 알려졌다. 식물을 키우는 경우에는 퇴비로 사용할 수도 있다. 신선 식품은 스티로폼 박스에 아이스팩을 담아 배달된다. 기존 아이스팩의 고흡성수지는 자연분해가 되지 않는 반면, 새로운 대체재로 개발된 종이 아이스팩은 충전재가 물로만 이루어져 쉽게 분해된다. 식물이 먹는 아이스팩도 있다. 온라인몰 SSG닷컴에서 선보인 제품은 화분에 버렸을 때 생장 촉진 영양제가 되는 미생물 아이스팩이다. 화학물질이 배제된 순수한 물에 광합성 미생물을 주입한 것으로, 하수구 버리는 경우 오수 정화 작용도 가능하다. 단지 아무리 친환경 포장재라고 해도 사용한 뒤 쓰레기가 되는 것은 마찬가지다. 결국 버리지 않고 쓰레기를 만들지 않는 것이 제로 웨이스트를 위한 근본적인 해결책이며, 친환경 포장재도 최소한의 양만 사용해야 한다. 사진은 뷰티 브랜드 타이거릴리가 박스 포장에 사용하는 사탕수수 완충제다.

스티로폼의 경우에는 PS 재질로 된 스티로폼만 분리배출을 해야 한다. PS 재질 내에 공기를 넣어 만든 플라스틱 종류로, 종이 박스처럼 테이프와 송장을 모두 제거해 분리배출한다. 컵라면 용기는 물로 깨끗이 씻어 말린 뒤 햇볕에 건조해 배출한다. 스티로폼같이 보이는 과일 포장재나 컬러 스티로폼, 소형 전자제품용 포장 완충재 등은 재질이 다르므로 종량제 봉투에 일반쓰레기로 버린다.

자투리 밀랍으로 만든 캠핑용 착화탄

주방 소품 파트에서 소개한 밀랍 제품랩과 백을 만들고 남은 자투리를 활용한 캠핑 아이템이다. 다시쓰는그랩에서 만든 착화 볼은 당구공보다 약간 작은 크기로, 자투리를 이용한 수작업 제품인 만큼 크기도 패턴도 조금씩 차이가 있다. 캠핑장 화로에서 토치나 부채질 없이 간단하게 불을 붙일 수 있으며 방법은 다음과 같다. 밀랍 착화 볼 꼬리에 라이터로 불을 붙인 다음, 화로대에 올린 뒤 장작을 격자로 올려주면 된다. 장작에 불을 붙이는 용도라면 1개만 있어도 충분하며, 숯이나 번개탄처럼 화로불로 사용하기 위해서는 5~6개 정도를 넣는 것이 적당하다.

트래블러를 위한 실리콘 식재료 용기

캠핑이나 여행을 갈 때면 각종 식재료를 일회용 위생봉투나 비닐 지퍼백에 챙기는 경우가 많다. 이렇게 사용한 비닐봉투는 식재료를 비운 뒤 바로 버려지는데, 식재료를 담기 편한 기능성 용기를 마련해두면 매번 불필요한 비닐 쓰레기를 만들지 않는 제로 웨이스트 캠핑을 실천할 수 있을 것이다. 캠핑에 최적화된 용기 소재 중 대표적인 것은 실리콘으로, 프리미엄 실리콘으로 만든 다회용 지퍼백은 요즘 캠핑족들의 잇템이기도 하다. 인체에 유해한 환경호르몬 성분이 없고 식품 등급 소재로 제작된 주머니는 식품과 직접 접촉할 수 있어 고기, 채소, 어패류 등 각종 식재료를 깔끔하게 보관할 수 있다. 또 캠핑용 용기와 식기류는 이동이 잦은 특성상 내구성이 매우 중요한데, 실리콘 소재는 깨질 염려가 없고 가벼워 이동, 운반하기 편리한 점도 특징이다. 육수나 소스 등을 담는 경우에도 입구가 2중 지퍼로 되어 음식물이 샐 우려가 없다.

실리콘 지퍼백은 집에서도 다양한 용도로 사용할 수 있다. -40~250℃까지의 높은 내열성을 지녀 환경호르몬 걱정 없이 뜨거운 음식을 담거나 조리할 수 있고, 열탕 소독도 가능하다. 이런 특성상 오븐이나 전자레인지 조리, 수비드 조리용 용기로 활용하기 좋다. 반영구적으로 사용하기 위해서는 사용한 뒤 냄새 제거와 살균 작업이 필요하다. 우선 세정용 혼합액소주와 물 1:1 비율, 설탕과 물 1:2 비율, 또는 쌀뜨물을 실리콘 용기에 채우고 4시간 이상 둔다. 신선한 물로 세척한 뒤 다시 4시간 동안 햇볕에 노출시켜 말리면 냄새와 색 베임이 제거된다.

최상의 휴식을 선사하는 반려 동물용 업사이클링 용품

호텔은 무엇보다도 객실 침장류에 신경을 많이 쓴다. 4성급 이상은 대부분 면 100% 천연 면직물의 고급 원단을 사용하고, 5성급 호텔에서는 최상의 서비스를 위해 침대 시트나 이불 커버가 조금만 손상이 생겨도 버린다고 한다. 이들의 약 80%는 오염이 아닌 세탁 과정에서 찢어진 것으로 충분히 재사용할 수 있는 좋은 원단이다. '아직 쓸모 있는 것의 가치를 다시 본다'는 철학으로 지구를 지키는 브랜드 레미투미re me to me는 제주 내 호텔의 리넨을 수거한 뒤 반려동물 용품으로 업사이클링한다. 섬유류는 '타는 쓰레기'로 분류되기 때문에 바로 소각된다. 온실가스가 다량으로 배출된다는 것과 같은 의미로 패션업계가 직면한 환경 문제와도 일맥상통한다. 제주에서 스타트업을 시작한 레미투미는 소각 시설보다 더 많은 소각 폐기물이 쌓인 지역 현실의 문제를 덜고자 생활용품 개발에 도전했고, 마침 당시에 입양하게 된 반려동물이 유독 호텔 침구를 좋아하는 것에서 영감을 받아 전문 친환경 제품을 만들기 시작했다. 가장 중요한 것은 '꼭 필요한 디자인'이다. 하나의 제품을 잘 관리해 오래 사용하는 것이 쓰레기를 양산하지 않는 친환경의 기본이라고 생각하기 때문이다.

반려동물의 편안하고 안전한 보금자리로 만든 천연 쪽 염색 메밀 메모리폼 방석은 충북 로컬 크리에이터 '천연 염색 바른'과 함께 제작했다. 친환경적으로 자연의 쪽 색을 입힌 댕냥이의 사계절 방석으로, 피부가 예민한 아이도 안심하고 사용할 수 있다. 막걸리&막걸리잔 모양의 강아지 노즈워크 장난감 또한 5성급 호텔 침구를 업사이클링한 유니크한 제품이다.

Interview
이혜란

사는 곳 **망원동**

직업 **마케터**

가족 구성원 **1인 가구**

제로 웨이스트 활동 연차 **10년**

제로 웨이스트 비율 **80%**

저는 소비의 80~90%를 먹는 데에 쓰고 있습니다. 채식을 하기도 하고 걸어서 갈 수 있는 거리의 시장에 용기를 가져가 재료를 공급받고, 또 가공식품은 구매하지 않으니 택배 쓰레기나 아이스 팩이 나오지 않아요. 그런 생각에서 제로 웨이스트 비율은 80% 정도가 된다고 생각합니다.

자기소개를 부탁드려요

망원동에서 3년 정도 살고 있는 직장인입니다. 환경문제에 본격적으로 관심을 가진 뒤 친구들과 사부작사부작 행동하기 시작한지는 5년 정도 되지만, 사실 대학 시절인 10년 여 전부터 환경문제를 생각해왔습니다. 물 아껴 쓰고 전기 절약해야 한다는 등, 유독 이런 부분에 관심을 가졌다는 것을 깨달은 게 대학생 때에요. 대단히 큰 각오나 의식이 있었다기 보다는 '쓰레기를 덜 만들고 싶다', '일회용으로 버려지는 것들이 아깝다'는 작은 마음으로 출발한 것이 지금까지 이어진 것 같아요.

내가 생각하는 제로 웨이스트란

'적당함'이라고 생각합니다. 결국 제로 웨이스트의 실천은 쓰레기를 완전히 없애자는 것보다 내 삶에서 쓰레기를 조금 더 줄여보자는 의미, 줄인 삶에서의 어떤 풍요로움을 느껴보자라고 하는 취지에 더 가까운 것 같아요. 그렇다면 더 많이 갖지 않고 소비하지 않아도 내가 그 안에서 행복함을 느낄 수 있는 적당함이 있어야 하겠고요. 이렇듯 '적당하게 사는 삶'이 제로 웨이스트에 더 가까워지는 삶이 아닐까 싶습니다.

적당함의 기준은 사람마다 다를 듯한데, 자신의 적당함을 찾는 방법은

적당함을 찾는 방법은 자신의 마음에 있는 것 같아요. 사람마다 소비 패턴이나 정도가 다르잖아요. 제 경우엔 시간 없을 때 배달 음식을 많이 시켜 먹었고, 어떤 정서적 결핍이나 고갈이 느껴질 때 소비를 많이 했던 것 같아요. 소비가 직접적인 보상으로 느껴지는 경우들이 많았는데, 조금 더 내 삶에 안정감을 주기 위해서는 '소비가 필요하지 않다'는 것을 늦게 깨달은 거죠. 그런데 요즘의 저는 소비욕이 전혀 없어요. 기존에 소비하던 물건이 더 이상 엄청난 행복감을 주지 않는다는 것을 깨달으면서 제게는 소비가 재미있는 일이 아니라는 것을 알게 된 거죠. 이걸 사지 않아도 행복하고, 이걸 산다고 해서 엄청 행복하지 않고. 이것이 적당함인 것 같아요.

삶에 정착하기까지의 기간과 과정은

제로 웨이스트와 '혼연일체'가 되었다고 생각된 것은 2~3년 전부터인 것 같아요. 혼자 살기 시작하면서 더욱 가까워진 것 같은데, 그 전에는 언니, 친구 등 지인과 함께 살았기 때문에 내가 무엇을 원한다고 해서 함께 반영할 수 있는 상황이 아니었어요. 퐁퐁이 말고 주방비누를,

샴푸통 대신 샴푸바를, 혹은 세제가 아니라 소프넛을 쓰고 싶어도 동거인의 동의가 필요하잖아요. 그런 자잘한 어려움이 있었지만 혼자 살기 시작하면서 모든 걸 마음대로 할 수 있게 되었고, 그러다 보니 이런 건 이렇게 바꿔볼까? 하는 것이 좀 더 자연스러워진 것 같아요.

정착기에 특별히 어려웠던 점이 있다면
처음 동네에서 다회 용기를 가져가 무언가를 구매할 때 굉장히 낯설었어요. 저는 MBTI 성격 유형상 I인 사람인지라 개인 용기에 흔쾌히 음식을 담아주는 분들 덕분에 지금까지 올 수 있었다고 생각해요. 하지만 여전히 어렵고 거절당했을 때의 상처가 더 큰 것 같아요. 바쁜 와중에 굳이 별도의 용기를 가져가 다시금 불편을 주는 마음이 여전히 어려운 거죠.

제가 늘 용기를 들고 가는 떡볶이집이 있습니다. 바쁘지 않을 때는 너무 대단하다고 하시지만 바쁜 날 용기에 담아달라고 하면 굉장히 불쾌해 하세요. 결국 같은 사람이더라도 어떤 환경에 놓여 있느냐에 따라 반응이 다를 수밖에 없는 것 같아요. 우리 모습도 마찬가지가 아닐까요. 바쁠 때는 지하철을 탔을 때 뭐든 짜증나지만 마음이 여유로울 때는 적극적으로 자리를 내주는 것처럼요. 모든 사람의 환경과 여유가 다르다고 생각하면 이해할 수 있는 문제인 것 같아요. 그럼에도 이런 활동을 지속할 수 있는 것은 제로 웨이스트 실천에 공감하고 동참해주는 친구들 덕분이라고 생각합니다.

제로 웨이스트러로 살며 달라진 점은
얼마 전 휴대폰과 노트북이 망가져서 당근마켓에서 중고로 샀거든요. 가전제품을 중고로 산다는 개념이 없었는데 제로 웨이스트를 해야겠다고 생각하면서 당근마켓을 뒤지다 보니까 휴대폰과 맥북이 있었던 거예요. 맥북을 거래하러 스타벅스에 갔는데, 맥북을 처음 써본다니까 그분이 직접 기능부터 하나하나 설명해 주셨어요. 단순히 물건을 샀다는 느낌이 아니라, 새로운 사람들과 연결될 수 있다는 감각을 느껴 재밌었어요. 떡볶이 집에 갈 때면 제 젓가락에 오뎅을 꽂아달라고 하는데, 처음엔 이상하게 보셨어요. '일회용 나무 젓가락을 안 쓰고 싶어서요'라고 젓가락 챙겨온 이유를 구구절절 설명했더니 이모님도 이해하고 칭찬도 해주셔서 뿌듯했답니다. 쓰레기를 만들지 않기 위해 용기를 가지고 다니면서 판매하는 분들과 이야기를 한번 더 나누고, 또 흔쾌히 받아주시면 고마운 마음에 가끔은 잘 계신지 슬쩍 확인하기도 해요. 이런 작은 이야기들과 연결감이 참 좋습니다.

물건에 담긴 이야기가 소중한가

공장에서 찍혀 나온 것들은 흥미가 일지 않아요. 환경적으로 유해하다는 측면도 있지만 재미가 없다는 생각이 들어서 웬만하면 요즘 친구들이 만든 것을 사서 써요. 이게 엄밀히 환경적으로 도움이 된다고 말할 수 없을지 모르지만, 물건에 담긴 이야기나 경험을 알고 나면 더 소중하게 대해지고, 더 못 버리고, 아끼게 되니 오래 쓸 수 밖에 없어지지요.

제로 웨이스트를 지속하는 노하우가 있다면

제로 웨이스트러로 살려면 시간과 여유가 있어야 하는 부분은 맞는 것 같아요. 장을 봐서 냉장고를 채워도 시간이 없으면 해먹을 수 없고 음식물쓰레기가 되어 나오잖아요? 시간이 있어야 쓰레기를 안 만들고 살 수 있다는 감각이 커져가면서, 자연스럽게 일상을 돌아보고 시간을 확보할 수 있는 방법들을 찾아요.

또 하나는 오버하지 않는 것. '내 적당함'을 찾는 것 같아요. 초반에는 남이 제로 웨이스트 하는 모습을 따라가려고 노력했는데, 그러다 보니 내 것까지 놓치게 되더라고요. 지금은 '할 수 있는 만큼만 면서 조금씩 나아지는 일상을 경험합니다.

직접 정보를 얻지 않더라도 제로 웨이스트 실천자가 주변에 있으면 자연스럽게 정보를 습득할 수 있어요. 실천하는 사람이 옆에 있으면 나도 그 영향을 받게 되는데, 이때 중요한 건 '내가 이것을 왜 하고 있는지'에 대해 스스로 자각하는 거예요. 내 삶으로 들어와야 하는 이유를 스스로 찾으려면 시간이 필요하죠. 만약 내 주변에 실천 중인 사람들이 없다면 그러한 환경에 놓이게 하면 좋아요. 비슷한 가치관을 공유하는 커뮤니티 안에 속해 보는 경험이나 정보를 지속적으로 받아 볼 수 있는 채널이 있으면 훨씬 도움이 돼요.

제로 웨이스트 제품 선택의 기준은

오래 쓸 수 있는가, 과대포장이 아닌가,
직접 보고 살 수 있는가(택배를 줄이기
위해서). 이외에도 음료는 플라스틱보다는
유리병에 든 것을 선택해요. 폐기 과정까지
고민해 자원활용이 가능한 소재를 사죠.
저희 집은 기능상으로 이미 많은 것이
갖춰져 있어 제품을 사지는 않는데요.
소모품인 생필품은 가까운 제로 웨이스트
숍을 이용해 소분 제품이나 리필 제품을
구매하고 있어요.

요즘 애용하는 제로 웨이스트 제품은

엄청 큰 반찬통입니다. 시장에서 김치를
자주 사다 먹는데 이때 쓰기 좋고, 꽤
큰 손두부를 사 담기에도 편해요. 자주
쓰는 물건은 주방 비누에요. 원래 비싼
제품을 썼는데 최근에 저렴한 비건 비누로
바꿨어요. 그리고 워낙 먹는 걸 좋아하는데,
팁 하나를 드리자면 저는 '샐러드웍스'를
애용해요. 제품 구독 신청을 하고 근처 카페
등 등록된 매장에서 샐러드를 직접 찾아갈
수 있는 서비스로, 다회용 밀폐용기에
제공되고 다음 구독 회차에 매장으로
반납하면 된답니다.

나만의 신박한 제로 웨이스트 제품 활용

팁이 있다면

천 제품 활용이 많은 것 같아요. 큰 천을
돗자리로, 빨아서 커튼으로도 사용해요.
그리고 선물을 받게 되면 포장지를
모아두었다가 친구에게 선물할 때
다시 포장재로 사용해요. 이 때 저만의
시그니처 도장을 찍어 주면 받는 사람도
즐거워하더라고요. 신발을 살 때 생기는
신발 파우치나 작은 파우치들은 시장에서

장 볼 때 사용하는데, 흙 묻은 재료를
담으면 가방이 지저분해지지 않아
좋아요. 마지막으로 파스타를 좋아해서
소스 유리병이 많이 나와요. 깨끗한
물로 씻고 열탕소독해 12개를 모아서
알맹상점에 전달해요. 얼마 전에 12개
도장을 모두 채워 닥터노아 대나무 칫솔을
리워드로 받았어요. 이런 소소한 재미를
추구한답니다.

이건 아니다, 혹은 잘못 알려진 활동이나 제품이 있는지

생분해 제품이 대표적인 것 같아요. 생분해 제품이라고 하면 플라스틱이 아니니까 마음 놓고 써도 되겠지 하는 것이 소비자의 입장일 텐데, 이런 믿음을 깨고 생분해되지 않는(혹은 특정 조건에서만 되는) 제품에 마케팅으로 소비의 정당성을 부여하는 일은 해선 안 될 일이에요. 친환경적인 신소재가 개발되는 것을 반대하는 것은 아니지만 폐기에 이르는 과정까지 고려해야 한다고 봐요. 제로 웨이스트 제품이라고 해도 결국 대부분은 공장에서 만들어지는 것들이고 내가 오래 써야 제로 웨이스트가 되는 건데, 이런 점에서 '이름 붙이기(제로 웨이스트, 친환경 등)'가 큰 문제라고 생각해요. 제로 웨이스트 제품을 파는 것은 결국 가치관과 습관을 같이 팔아야 하는 행위인 만큼 그에 따르는 판매자의 책임감이 있어야 합니다. 한편으로 제로 웨이스트 숍이 지닌 문화와 가치관이 옳고 좋다고 생각하지만, 그 큰 가치가 단순히 소비의 측면으로 다뤄지는 것이 아쉬울 때가 있어요. 소비의 행위가 아니더라도 가능해야 하며, 제로 웨이스트라는 명목 하에 소비를 조장하면 절대 안 된다고 생각해요. 제로 웨이스트 제품이 제로 웨이스트는 아니기 때문입니다.

제로 웨이스트러와 아직 그러지 못한 가까운 이들이 함께할 때, 부딪히는 크고 작은 일들이 있습니다. 가까운 관계망의 지인들을 동참하게 하기 위해 시도해본 방법이 있다면?

남자친구도 분명 공공의 이익이나 공공의 문제에 대해 인지하고 있는데 나와 속도가 다를 뿐이라는 걸 뒤늦게 깨달았어요. 제가 실천하고자 하는 삶은 분명 옳은 전제이고 내용이지만 사람마다 다 다른 상황과 환경에 놓여 있기 때문에 이해하고자 하는 노력이 분명히 필요해요. 저희도 맞춰가는 시간을 오래 가졌는데, 제가 최근에 자주 분노하는 일이 생기던 와중에 남자친구가 짧은 편지를 써줬어요. '우리는 서로 다른 존재! 하지만 같은 걸 바라보지. 적극성이 다를 뿐. 차이가 있을 땐 정도의 문제이니 화내지 말고 설득하기!'

읽고 나서 '속도와 정도의 문제'라는 것과 함께, 남자친구가 유난스러운 저를 잘 따라와주는 건 제가 잘 설득해서가 아니라 상대가 잘 이해해줘서임을 깨달았어요. 이후로는 남자친구를 더 믿고 덜 다그치고 존중하게 되었습니다.

**직장에서 제로 웨이스트러를 바라보는
시선을 이겨내는 방법, 혹은 변화시킨
사례가 있다면**

최근 회사에서 조직문화 캠페인으로
'환경캠페인'을 진행했어요. 팀별로 모여
3달 정도 지킬 수 있는 약속 1개를 정하고
1주일에 한번씩 실행했는데요, 이메일함
비우기, 텀블러 쓰기, 채식하기 등 아주
심플한 것들이었어요. 3달 후에는 모두
일상으로 돌아왔지만 내가 한번 해봤다.
어렵지 않네?라는 생각이 사람들의 생각
속에 스며들었을 거란 생각이 들어요. 제
역할은 이들을 먼저 경험해본 사람으로서
지적하고 훈계하기보다는 내가 하는 활동이
매력적으로 보이게 하는 거예요. 호감
있는 동료가 하는 활동을 더 이해해주려고
하더라고요.

**제로 웨이스트 활동을 하면서 가끔
회의적인 생각이 들 때의 대처는**

몇 년 전에 조천호 박사님을 만나 뵐 일이
있었어요. 박사님께 '내가 한다고 뭐가
바뀌냐, 기후위기가 이렇게 심각한데. 저는
일회용품 안 쓰는 게 의미 없는 일 같다'라고
회의적인 마음을 전한 적이 있어요. 이때
이런 말씀을 하셨습니다.
"일회용품을 안 쓰는 것, 의미 없을 수 있다.

진짜 의미가 없기도 하다. 하지만 중요한
건 일상을 통해 내 사고방식과 가치관이
변화하면 투표에까지 영향을 미칠 수 있다."
"투표를 한다는 행위는 권력을 가진 사람을
바꾸고 사회를 바꿀 사람들을 선출하는
과정에 기여하는 것이다. 일회용품을 안
쓰는 것 자체가 중요한 게 아니라 이런
행동양식을 내게 들여서 가치관이나 관점을
바꾸는 행위로서 의미가 있다."
당장 오늘 내가 빨대를 썼느냐 안 썼느냐가
아니라 이 행위가 사회적으로 어떤 맥락을
갖고 있느냐는 관점에서 바라봐야 한다는
것이죠. 제로 웨이스트가 인식의 변화를
가져오는 측면에서 중요하다고 생각해보면
회의적인 생각을 물리칠 수 있을 겁니다.

Fashion & Beauty

'지속가능'의 가능성을 대표하는
국내외 패션 & 뷰티 브랜드와
친환경 아이템

지속가능한 순환을 지향하는
착한 브랜드와 상생하는 법

제로 웨이스트 실천에 적극적인 사람들의 의견을 들어볼 때 생산에서 소비, 폐기의
전과정에 있어 가장 부정적인 것이 패션 산업이고, 뷰티 분야 역시 비슷한 견해를
보인다. 패션 기업의 친환경적, 윤리적 움직임은 해를 거듭할수록 적극적이고
구체화되고 있지만, 그럼에도 대다수의 사람은 여전히 디자인 감성을 충족시킬 새
옷을 원하고 기업은 이를 생산해낸다. 패션 산업이 환경 오염을 일으키는 데 심각한
문제를 지녔음에도 음식 소비나 플라스틱 사용 등에 대한 적극적 움직임과는 달리
그동안 사회 전반적인 이슈가 되지 않은 이유다. 그 결과 전 세계의 의류 폐기물은
말할 것도 없고 한국에서도 매일 300여 톤의 의류가 버려진다.
생산·소비·유통·처리까지 모든 단계에서 발생하는 문제는 실로 방대하다. 우선
옷은 생산에서 폐기될 때까지 수많은 물을 소비하고 온실가스를 내뿜는다.
우리가 입는 옷 대부분의   2018년 '지속가능한 패션 산업을 위한 유엔(UN) 협력' 발표 자료에
                        따르면, 전 세계 폐수 배출량 중 패션 산업이 차지하는 비중은 20%,
생산에 사용되는   탄소 배출량은 10%에 달한다.

합성섬유는 석유, 석탄 등을 원료로 해 섬유로 만든 고분자물질로 폴리에스테르,
나일론 등이 있다. 폴리에스테르 소재는 면 등의 천연 섬유에 비해 훨씬 많은
온실가스를 배출하며, 세탁하거나 버려지는 과정을 통해서는 엄청난 해양
미세플라스틱을 배출한다. 특히 수많은 옷에 함유된 폴리에스터는 페트병과
같은 소재로 70% 이상이 '플라스틱'이다. 이들의 폐기는 결국 플라스틱과
같은 문제로서 매립하면 땅 속에서 썩으며 유해가스가, 소각하면 유독물질인
다이옥신과 이산화탄소가 발생한다. 그런가 하면 앞서 세계 의류 중 73%가
매립되거나 소각되어 폐기된다. 전 세계적으로 매초 쓰레기 트럭2,625kg 1대
분량의 의류가 소각되고 매립된다. 출처 엘렌 맥아더 파운데이션Ellen MacArthur Foundation

물론 지속가능은 현 글로벌 패션 업계 대부분이 주목하는 화두이며, 기후변화를 막기 위한 자성적 움직임의 일환으로 '2030년까지 온실가스 배출량의 30%를 줄이겠다'는 다짐도 확산되고 있다. '유엔기후변화협약UN FCCC'이 제정한 '기후변화 대응을 위한 패션업계 헌장'에 서명하고, 지구 평균기온 상승 폭을 산업화 이전 수준 대비 '2℃ 이하'로 유지하기 위해 적극적인 동참에 나선 것이다. 환경 문제에 앞장선 브랜드들은 원재료 조달부터 제조와 유통, 운영 전반에 걸쳐 온실가스 배출 감소에 힘쓰고 있다. 그 중에서도 수년간 꾸준히 이슈가 되어온 업사이클링 제품은 플라스틱의 재생과 관련한 것들이며, 특히 페트병을 100% 재활용한 원사로 기능적인 디자인을 선보이는 브랜드도 급격히 늘었다. 지속가능한 순환을 고려한 패션은 이외에도 다양한 형태로 우리에게 다가오고 있다. 동물성 소재 대신 천연 재료들을 사용하는 비건 패션, 재활용된 플라스틱이나 자투리 옷감 등으로 원단을 만드는 리사이클링 패션, 천연 재료로 염색을 하거나 물 사용을 줄이는 등 옷을 만드는 공정의 친환경적·윤리적 노력 등이 대표적이다. 제로 웨이스트에 부합하는 패션 & 뷰티 브랜드, 또는 아이템으로 소개하는 기준은 두 가지다. 브랜드의 가치 철학이 독보적인 기업에 대한 소개와 우리가 현시점에 대체할 수 있는 제품들에 대한 제안이다. 기능 면에서 제로 웨이스트에 100% 부합하지 못할 수도 있으나 실천자의 생활에 한 보 근접할 수 있는 대체 제품임을 감안하고 살펴보기 바란다. 마지막으로 재활용 기술의 발전과 함께 폐플라스틱을 활용한 신발, 가방, 운동복 등 다양한 리사이클링 제품이 쏟아지고 있다. 이를 통해 많은 기업이 친환경 마케팅을 내세울 때, 소비자는 더욱 냉철한 시선으로 '지속가능'이란 단어에서 비롯된 딜레마를 파악할 수 있어야 할 것이다.

윤리적 철학을 넘어 패션 피플도 기꺼이 즐기는 비건 패션

세계를 리드하는 굵직한 명품 기업들은 물론 환경과 동물을 지키기 위해 비건을 지향하는 패션 브랜드들이 점점 늘어나고 있는 요즘이다. 잔혹하게 희생되는 동물의 실태에 관심을 가진 한편, 실제 동물 가죽보다 '가짜'를 선호하는 MZ세대 젊은 소비자 사이에서 '윤리적 비건 패션' 트렌드가 확산됐기 때문이다. 이후로도 패션 브랜드가 친환경에 접근하는 방식은 다양하며, '선택이 아닌 필수'로 지속가능한 비건 패션을 고집하는 브랜드도 늘고 있다.

2015년 설립된 국내 최초의 비건 패션 브랜드 비건타이거는 동물성 소재를 일절 사용하지 않는 것으로 친환경을 도모한다. 최초이기도 하지만 현재는 명실상부 국내 대표 비건 브랜드로 입지를 굳혔고 많은 패셔니스타에게 사랑받는 핫한 브랜드이기도 하다. 본래 남성복 디자이너로 활동했던 대표는 동물권을 위해 패션 일을 그만두고 동물보호단체에서 일하던 중 '모피 반대 캠페인'의 다른 제안을 제시하고자 비건 브랜드를 준비, 론칭했다. 비건타이거는 동물 학대, 잔혹함 없는 패션을 제안한다는 의미로 크루얼티 프리 Cruelty Free라는 슬로건을 내걸었으며, 여기에는 모피 동물의 고통을 없애고 소비자에게 선택의 폭을 넓혀주고자 하는 의미가 담겼다. 브랜드 특유의 독특한 아트워크를 기반으로 비건 패션은 밋밋할 것이라는 편견을 깬 이 브랜드는 '2020 대한민국패션대전 K-패션오디션' 올해의 대상을 수상하기도 했다.

비건 패션이 제로 웨이스트와 밀접한 연관을 지닌 것은, 생명을 착취해 생산된 소재는 사용하지 않으면서 이를 대체할 수 있는 지속가능한 소재를 직조, 선정하여 디자인하며 지구와 환경에 책임감 있는 패션을 제안하기 때문이다. 실제로 비건타이거는 국내 원단업체와 협업해 개발한 한지가죽, 선인장 가죽 등의 비건 가죽으로 재킷을 만든다.

브랜드의 모든 제품은 모피는 물론 가죽, 실크, 양모, 오리털, 거위털, 앙고라 등 모든 동물성 재료를 철저히 배제한다. 대신 인조 모피와 인조 가죽, 리넨, 면 등 비동물성 소재에 감각적인 디자인을 덧입힌다.

자연환경을 파괴할 수밖에 없는 생산과 소비의 굴레 속에서, 기업의 환경 철학이 대중의 소비 방식에 어떤 변화를 가져오고 생활 변화의 축적은 환경에 어떤 식으로 긍정적 작용을 미칠 수 있을까? 이 질문에 가장 먼저 새로운 시각의 해답을 제시하고 실천한 기업으로 꼽히는 파타고니아는, 1973년 미국 캘리포니아에서 등반가이자 서퍼인 이본 취나드Yvon Chouinard가 설립한 친환경 글로벌 아웃도어 스포츠 브랜드다. 내구성, 기능성과 함께 수선이 용이한 것이 최고의 제품이라는 제품 철학을 지녔으며 이러한 기준에 부합하는, 몇 세대에 걸쳐 입을 수 있는 재활용 소재의 컬렉션을 선보여왔다.

파타고니아의 대표 제품인 넷플러스 컬렉션NetPlus® Collection은 바다에서 가장 해로운 플라스틱 오염원인 폐그물을 100% 포스트컨슈머Post-consumer 소재 넷플러스Netplus®로 새롭게 탄생시킨 제품이다. 기업이 제시하는 가장 강력한 해양오염 개선 방안으로서, 컬렉션 전 제품 모두 겉감과 안감, 보온재까지 100% 리사이클 소재로 만들어 환경에 대한 확고한 철학을 반영했다. 파일 플리스 컬렉션은 리사이클 폴리에스터 및 리사이클 나일론 등 버려진 쓰레기로부터 재탄생한 재활용 소재를 100% 사용하고, 공정무역Fair Trade Certified™ 인증을 받은 공장에서 생산했다. 페트병 1000만 개를 재활용하는 리사이클 블랙홀 컬렉션Recycled Black Hole®은 가방의 모든 파트를 100% 재활용 원단으로 제작한 완전한 리사이클 제품이다. 1993년 이후로 석유 가공 제품에 대한 의존도를 낮추기 위해 새로운 원단 사용을 줄였으며, 이를 플라스틱 병과 폐기물을 100% 재활용한 원단으로 대체하는 연구 개발을 지속하고 있다. 파타고니아는 고쳐서 오래 입기를 장려하고 그 일환으로 원웨어 Worn Wear 서비스를 운영 중이다. 직영점에서는 브랜드에 상관없이 어떤 옷이든 가져가면 경험이 풍부한 수선사가 옷을 고쳐준다.

수선을 통해 옷의 수명을 9개월 연장시킨다면 생산공정에서 발생하는 탄소, 물, 기타 산업 폐기물을 최대 30% 줄일 수 있다. 파타고니아는 마이크로 섬유의 환경 오염에 대해 책임감을 지니고 연구와 협업을 진행하는 한편, 해결 방안을 위해 투자하고 제품 개발에 반영한다. 이를 위해 2013년부터 환경 위기에 대한 솔루션을 제공하는 신생 기업에 투자하는 틴 쉐드 벤처스(Tin Shed Ventures)라는 임팩트 투자 펀드를 운영해오고 있다. 폴리에스터같이 합성섬유에서 나오는 마이크로 섬유를 거를 수 있는 구피 프렌드(Guppy Friend)의 세탁망 역시 투자 펀드가 제품 개발비로 1억 3천여만원을 지원한 파타고니아의 독일 파트너 회사이다. 한국은 추후 판매 예정이다.

카네이테이는 2차 세계 대전 당시 사용했던 텐트부터 전시준비 목적으로 사용된 텐트까지, 제각기 다른 모양과 역사를 가진 미군 텐트를 업사이클링해 제품을 만드는 패션 브랜드다. 시간의 흔적들이 만든 자연스러운 다양성을 그대로 포용해 상처 나고 녹슨, 있는 그대로의 모습에서 아름다움을 느낄 수 있는 가방과 지갑, 의류, 액세서리를 제작한다.

2015년 론칭하면서 처음부터 업사이클링만을 생각한 것은 아니었으나, 색다르면서도 의미가 담긴 소재를 찾던 중 미군용 텐트를 발견했다. 오랜 세월을 거쳐 더욱 가치가 높아지는 것들은 그 가치를 그대로 살리는 것이 보기에도 아름답고 친환경적인 생산이라고 생각했기 때문이다. 군용 텐트는 한국을 포함해 미국, 유럽에서 품질이 우수한 것을 수입한다. 텐트는 국내 수급을 선호하며 이는 환경적 이유도 있지만 비용 측면이나 업무의 효율성 때문이다. 재사용 가능한 부분을 선별한 뒤 엄격한 세척 과정을 통해 위생적으로 관리한다. 기계 재단이 불가능한 원단인 만큼 이들은 전문 재단사들이 손재단해야 한다. 또 오래된 정도에 따라 색감과 질감도 다르기 때문에, 재단이 끝나면 수천 수만 개 패턴 조각의 짝을 일일이 맞춰준다. 최종적으로는 원단의 오래된 정도에 따라 스크래치와 같이 각기 다른 제품이 새 원단이 낼 수 있는 자연스러움의 한계와는 정반대의 방향성인 셈이다. 모든 디자인 제품은 열악한 환경에서도 버텨내야 하는 원단 특성상 뛰어난 내구성과 기능을 갖췄다.

가장 친환경적 대안은 소비 자체를 지양하고 창작 활동과 노동을 최소화하는 사회를 장려하는 것이다. 단지 무언가를 직접 만들어내는 행위를 사랑하는 카네이테이는 공존하기 어려운 두 가지 생각 사이에서 균형을 맞춰가고자 한다. 창작하는 과정에서 환경에 가급적 해를 미치지 않는 과정을 고안하며 노력 중이다.

2016에 론칭한 큐클리프는 사용이 끝난 자원을 활용하여 업사이클 제품을 만들며, 친환경 소재를 사용하여 지속가능한 패션을 추구한다. UPCYCLE의 스펠링을 재배열한 CUECLYP. 단어 UPCYCLE를 업사이클링해 만든 이름처럼, 큐클리프는 단순한 업사이클 행위를 넘어 계기와 이유가 담긴 지속가능한 디자인을 전개하는 국내 브랜드다.

오랜 세월을 거친 우산을 비롯해 홍보 현수막, 광고 간판용 파나플렉스, 홍보용 현수막, 건물 외벽에 사용한 메시 소재 포스터, 폐차에서 버려진 에어백과 캠핑장의 폐기 텐트 그리고 페러글라이드 원단까지. 실로 다양한 재활용 소재가 디자인 소재이자 영감이 되며, 여기에 페트 100% 리사이클 섬유로 직조한 원단과 타이벡 소재까지 더해 '보이는 것 이상의 가치'가 담긴, 희소가치를 느낄 수 있는 한 품을 완성한다. 다양한 소재의 업사이클링 아이템은 전체 제품군 또한 폭넓다. 가방 제품은 보리맥아 보관용 톤백을 기증받아 업사이클해 제작한 토트백, 페트병 리사이클 섬유로 직조된 리젠 원단으로 제작한 데일리 투포켓백, 고밀도 폴리에틸렌 HDPE 섬유인 리사이클 타이벡으로 만든 유니크 스타일 벌룬백, 현수막과 TPU를 레이어드해 제작한 호보백 등 소재에 따라 용도와 기능, 디자인이 다르다. 가방과 지갑은 물론이고 폐셔츠를 리사이클링한 모자, 업사이클링 현수막 원단을 사용한 아이폰 & 에어팟 케이스, 기능을 다한 메시 포스터로 만든 각종 문구류까지, 작은 소품 하나에도 큐클리프 디자이너들의 자유로운 스트리트 스타일 감각과 철학이 담겼다.

현수막 원단이나 포스터 등의 소재는 거쳐온 시간과 환경이 다른 만큼 주름, 스크래치 등의 흔적이 남을 수 있는데 이는 브랜드 컨셉이자 업사이클링의 특징으로 보면 된다. 큐클리프만의 커스터마이징 & 콜라보 프로젝트도 꾸준히 진행하며 지속가능 철학을 반영해 다양한 기업 브랜드와의 협업을 선보이고 있다.

옷감에 사용되는 재생 소재 중 가장 대중적인 것이 다름 아닌 페트병이다. 그런데 수년 전까지만 해도, 국내의 페트병은 색을 넣거나 라벨을 잘 뜯어지지 않아 분리배출을 해도 제대로 재생이 되지 못했다. 그런 이유로 국내에서 생산하는 재활용 원사 제품은 해외에서 수입한 페트병을 사용해야만 했다. 물론 현재는 각 기업들이 적극적으로 재생이 용이한 형태의 페트병을 개발해 생수, 음료를 출시 중이다.

플리츠마마는 친환경 소재, 쓰레기가 발생하지 않는 제작 방법으로 개성적인 백을 만들어 아름답고도 지속가능한 삶의 방식을 제안하는 브랜드다. 2017년부터 선보인 플리츠마마의 시그너처 제품은 니트 플리츠 리얼 에코백이다. 500ml 페트병 16개에서 얻은 재생 폴리에스테르 원사 '리젠'으로 아코디언 형태의 니트 백을 만들었으며, 이후로 꾸준히 스타일을 확장해가며 다양한 연령대의 소비자에게 인기를 끌고 있다. 사실 재활용 원사는 분리, 세척 등의 과정이 필요해 일반 원사에 비해 2배 정도 비싸지만 화려한 색감을 만들 수 있고 품질도 훨씬 좋은 것이 장점이다. 재생 원사의 친환경적 가치는 물론이고, 원단을 편직해 구조적으로 구성한 주름 형태는 인위적 공정을 배제한 브랜드 고유의 독창적 디자인이다. '지구를 사랑하는 새로운 주름'은 디자인 등록 및 특허도 획득했다. 한편으로 모든 가방은 일괄적으로 직조된 원단을 재단해 봉제하는 대신 하나하나 원하는 모양으로 편직하는 만큼 버려지는 자투리 원단 또한 발생하지 않는 것이 특징이다. 숄더백, 토트백, 크로스백, 스몰백, 파우치와 함께 의류도 제작한다. 페트병과 같은 플라스틱은 분해되기까지 100년이 넘게 걸린다. 가급적 플라스틱을 만들지 않는 것이 좋지만, 지구에 탄생한 플라스틱을 재활용해 가급적 오래 사용하는 것도 우리의 몫일 것이다.

패션 제품을 만드는 페트병 추출 원사는 어떤 것일까. 국내 원단 소재로 잘 알려진 '리젠 (Resen)'은 뚜껑과 라벨을 제거한 폐페트병에서 유용 성분을 추출해 만든 폴리에스테르 원사로, 뛰어난 친환경 성으로 '국제재생표준인증(Global Recycle Standard)'을 인증받기도 했다. 공정 과정에서 자원과 에너지 소비량, 이산화탄소 배출량을 획기적으로 줄였는데, 이는 기존 원사와 달리 석유 사용 과정이 생략되기 때문이다. 플라스틱 매립 양 역시 대폭 줄여 환경 문제 해결에 일조한다. (참조: 효성 블로그)

의류 관련 쓰레기는 매년 수천만 톤이 넘게 만들어지지만 이들 중 70%는 제 주인을 만나지도 못한 채 쓰레기 매립장으로 향한다. 그럼에도 소비 욕구는 줄지 않고 패션업계는 매 시즌 유행에 맞춰 새 옷을 쏟아낼 수밖에 없으니, 결국은 환경 이슈와 패션이 공존하는 법을 모색하는 것만이 해결책이다. 이미 10년 전 이에 대한 해답을 찾은 국내 브랜드는 '재고'에 주목한 래코드 RE;CODE다.

코오롱 FnC에서 2012년 론칭한 래코드는 국내 대표 업사이클링 패션 브랜드로, 버려지는 재고에 창의적인아이디어를 더해 재RE탄생시킨다. 아울러 지속가능한 문화CODE를 전파하고 다양한 브랜드와의 협업을 통해 신선한 프로젝트를 전개한다. 시즌이 지났을 뿐 새것 그대로 창고에 쌓여 있거나 소각 예정인 옷을 재료로 리디자인하며, 디자이너의 재해석을 거쳐 새롭게 탄생한 옷은 독특한 디자인에 희소가치까지 더해져더욱 특별하다. 처음에는 소각 예정이던 3년된 재고 제품이나 재료를 이용했으나 최근에는 더욱 폭넓게 재료를 찾고 이용한다. 데님 편집 숍의 재고를 쓰기도 하고 니트 브랜드의 재고를 받기도 한다. 원단 생산업체와 함께 하기도 한다. 옷을 대량으로 만들다 보면 발주 원단 자체가 남는 경우도 있기 때문이다. 그걸 폐기하기 전에 받아서 활용하는 것이기 때문에 탄소발자국이 거의 발생하지 않는다. 래코드는 업사이클링 브랜드에 그치지 않고 환경의 가치를 공유하는 지속가능한 패션 서비스를 소비자에게 제공한다. 직접 운영하는 수선공방 '박스아뜰리에'을 통해 다양한 서비스를 제공하고 있는데, 사연이 있거나 정들어 버리지 못하는 옷을 가져오면 디자이너 상담과 장인의 봉제를 거쳐 래코드 스타일로 다시 디자인해주는 리컬렉션RE;CLLECTION, 수선 서비스RE;PAIR, 리폼 서비스RE;FORM 등이 있다.

수작업이고 소량 생산하기 때문에 가격은 다소 비싼 편이다. 물론 최근 국내 패션업계도 사회적 흐름에 따라 업사이클링 재활용 캠페인을 하고 있지만, 비용이나 기술 문제 때문에 마땅한 해결책이 없다는 입장이다. 업사이클링 제품 대부분이 수작업으로 진행해 과정이 길고 까다로울 뿐만 아니라 품도 많이 들기 때문이다. 국내의 수많은 대형 의류 기업 중 유일하게 업사이클링 브랜드를 운영하는 래코드는 그래서 더 주목받는 이유기도 하다.

플라스틱 페트병을 친환경적으로 신는 법

꾸준히 이슈가 되어온 것이 바로 플라스틱 재생과 관련된 것들인데 특히 국내외 다수 브랜드가 페트병을 100% 재활용한 원사로 다양한 디자인을 선보이고 있다. 1000만 개의 페트병을 재탄생시킨 파타고니아는 '리사이클 블랙홀 컬렉션'을 선보였고 빈폴은 친환경 소재를 활용한 라인 '비 싸이클B-Cycle'을 출시함과 동시에 버려진 페트병을 재생한 충전재를 개발해 일부 제품부터 적용하기 시작했다. 블랙야크는 페트병을 활용한 '리사이클 폴리 플리스'를 출시했고, K2는 페트병을 리사이클링 해 각각 K-에코 플리스 컬렉션과 WWF세계자연기금 비숑 플레어 재킷을 선보였다.

특히 최근 주목할 점은 이들 페트병을 재활용한 리사이클 폴리에스터 소재의 친환경 패션이 일반 의류에 그치지 않고 신발 등 다양한 패션 아이템으로 계속 확대되고 있다는 점이다. 나이키, 로티스, 캠퍼, 아디다스 등은 이미 몇 년 전부터 페트병 재생 신발을 출시했다. 미국 여성화 브랜드 로티스도 마찬가지로 3개의 페트병으로 만든 플랫 슈즈로 유명하며 영국 왕자비 메건 마클, 배우 기네스 펠트로 등 셀럽들이 신으면서 이슈가 되기도 했다. 특히 페트명을 녹여 실을 만들고 3D 프린터를 이용해 편직으로 복잡한 공정없이 단 6분만에 신발 한 켤레를 만듦으로써 2016년 브랜드 론칭 이래 현재까지 3000만 개 이상의 페트병을 재활용했다. 노스페이스도 페트병 리사이클링 원단과 천연 울 소재 등을 적용한 신발을 내놓았다. 플라스틱 페트병 6개를 100% 재활용한 소재로 만들어진 스타트업 LAR 신발은 최근 롯데그룹회장이 신어 SNS상에서 화제가 되기도 했다. 바야흐로 우리는 버려진 플라스틱 페트병을 친환경이라는 이름으로 입고 신는 시대에 들어섰다.

페트병 재생 러닝화

단일 슈즈로 전 세계 생산량 1위인 나이키 역시 환경을 위한 새로운 도전을 진행 중이다. '무브 투 제로' 컬렉션은 제품 라인 모두 천연 재료나 폐자재를 재사용해 만들며, 개성적인 디자인과 함께 탄소 발자국도 줄여주는 제품으로 친환경적 소비에 관심 가진 젊은 세대에게 인기 높다. 사진은 나이키의 스페이스 히피 운동화다.

나와 동물이 모두 행복해지는 Vegan Step!

트렌드에 민감한 패션 업계 특성상 의류 폐기물의 양이 엄청나다는 것은 누구나 다 아는 사실이다. 폐기물은 양뿐만이 아니라 처리에 있어서도 문제가 된다. 화학 섬유의 경우 자연 분해되는 데 수십에서 수백 년이 걸리고 폐기된 옷이 소각되면서 배출하는 이산화탄소나 메탄의 양도 만만치 않다. 쓰레기, 환경, 동물과 사람, 지구. 이 모든 이슈와 문제의 해결책으로 등장한 패션 업계의 '비건'은 지속가능한 미래 사회를 준비하는 가장 강력한 키워드가 됐다. 다만 예전의 비건 패션이 단순히 동물 가죽을 쓰지 않는 데만 집중한 반면 최근에는 '비건 가죽'이 급부상 중이다.

비건 가죽은 동물 가죽이나 털을 사용하지 않고 합성피혁이나 과일 껍질 등의 대체 소재를 사용한 가죽을 말한다. 파인애플 잎의 섬유질로 만든 피냐텍스나 선인장에서 추출한 성분으로 만든 가죽 데세르토가 대표적이다. 신발 브랜드 캠퍼, 패션 브랜드 이던 마라빌라스, 스포츠웨어 푸마 등이 피냐텍스를 사용해 패션 아이템을 출시했다. 샤넬도 피냐텍스를 사용한 백을 선보였고 휴고 보스는 스니커즈 라인으로 출시했다. 다른 가죽 종류도 있다. 이탈리아 와인 생산 기업 비제아는 포도 찌꺼기로 만든 와인 가죽을 선보였고 미국의 섬유회사 볼트 스레드는 버섯 균사체를 활용해 만든 마일로를 선보였다. 스텔라 매카트니도 버섯 부리 균사체를 이용한 대체 가죽 업체 마일로 언레더Mylo Unleather와 협업으로 뷔스티에는 물론 팬츠, 가방을 선보였다.

사과 껍질도 비건 가죽이 된다. 국내의 대표적인 브랜드로는 마르헨제이를 꼽을 수 있다. 이탈리아 최고의 원단 공장에서 완성된 사과 가죽으로 디자이너 백을 제작한다. 사과 가죽은 사과 부순물로 만든 사과 파우더와 에코 잉크로 색을 구현한다. 초경량 소재로 편리한 착용감까지 더해 MZ세대의 컨셔스 패션conscious fashion, 의식 있는 의류 및 소비 동참에 기여한다.

마르헨제이는 론칭 초기부터 친환경을 넘어 브랜드만의 스토리와 스타일의 가치를 더한 '힙 환경 (세련되고 트렌디한 환경보호)' 핸드백을 다양한 소재로 선보이고 있으며, 넓은 층의 고객에게 예쁜데 착하기까지 한 디자이너 백으로 입지 를 다졌다. 비건 가죽을 비롯해 플라스틱 업사이클 나일론 & 캔버스 등을 활용한 신제품들을 출시하며 친환경 소재 개발에 끊임없이 노력 중이다. 사진은 애플레더 '헤이백' 그린과 '피노백' 블랙, 애플참이다.

바다 보석으로 만든 캐릭터 액세서리

우리나라에서 한 해에 버려지는 약 16톤의 해양 쓰레기 중 유리가 차지하는 비율이 1톤 정도라고 한다. 유리는 공기 투과가 되지 않아 해양 생물들의 생명을 위협한다. 대부분이 유리병으로, 이들은 파도와 바위 등에 의해 깨진 유리 조각이 되면서 바다 모래와 함께 점차 마모되는 과정을 거친다. 이렇게 조약돌처럼 맨질맨질하고 동그랗게 변한 유리 조각을 바다유리, 또는 씨 글라스 Sea Glass라고 부른다.

해변에서 쓰레기를 줍는 행위인 비치코밍 Beachcombing은 해안가를 빗질 Combing하는 것처럼 꼼꼼하게 살피는 모습에서 유래한 용어다. 강릉, 제주, 인천, 부산 등의 바닷가에서 비치코밍을 하는 피스플래닛 peceplanet 운영자 김진주 작가는 직접 주은 씨 글라스의 보석 같은 아름다움을 널리 알리고자 캐릭터를 만들고 예술 상품을 제작했다. 귀여운 캐릭터 '바다 친구 잇슈'는 배지와 반지, 귀걸이, 열쇠고리, 파우치 등 무궁무진한 액세서리로 재탄생하고 있다. 씨 글라스를 모두 사용할 수 있는 것은 아니며 모서리가 날카로운 것은 폐기하고 안전하게 마모된 것만 모아 작품을 만든다. 세척한 씨 글라스는 오일링과 건조를 반복해 표면에 남아 있는 염분을 제거한다.

작가가 생각하는 씨 글라스의 가치는 다름 아닌 '편견 없는 발견의 가치'다. 우리는 쓰임이 다한 물건을 쓰레기라고 부르지만, 이들을 무조건 쓰레기로 보는 대신 자연이 준 두 번째 기회라 여기면 어떨까. 어떤 물건이든 새로운 재미와 신선한 발상을 담으면 더 좋은 물건으로 재탄생할 수 있다.

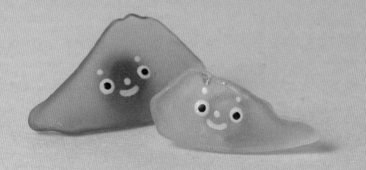

페트병으로 만든 섬유로 다양한 제품이 만들어지는 시대다. 단지 티셔츠 등은 굳이 폴리에스테르로 만들 이유가 없는 제품인 만큼, 이상적인 방향의 재활용으로 여기지 않는 소비자도 많다. 대신 기능성을 위한 수영복이나 우산, 세탁 회수가 적은 가방 등, 합성 섬유의 사용이 필요한 제품이라면 페트병 섬유를 활용하는 것이 바람직하다고 본다.

플라스틱 재활용 원단의 사용이 유의미한 대표 패션 아이템 수영복은, 천연 소재라고 해도 안감에는 합성 섬유가 쓰이는 경우가 많다. 단지 내구성이 좋은 원단일수록 미세 플라스틱 배출량도 적다고 하니 튼튼한 제품을 구입해 오래 입는 게 적절한 대안일 듯하다. 한편 재생 플라스틱 원단은 기존 소재에 비해 스판덱스 함량이 적어 신축성이 덜한 특성으로 보디를 한층 탄탄하게 잡아주는 효과가 있다. 그동안 친환경 수영복에 관심 가진 사람은 해외 제품을 직구로 구매해야 했지만 요즘은 멋진 디자인의 국내 브랜드를 만나볼 수 있다. 딜라잇풀DELIGHTPOOL은 수영에 진심인 대표가 만든 브랜드로 즐겁고 레크리에이셔널한 스윔 라이프를 추구한다. 수영복 소재는 폐페트병 재활용 폴리에스터 82%와 스판덱스 18%로 구성된다. 재활용 소재는 국제재생표준인증Global Recycled Standard와 Oeko-Tex 글로벌 친환경 인증을 받은 효성 TNC 리젠Resen 원사를 사용한다. 노마제이는 특정한 가치와 삶의 방식에 얽매이지 않고 창조적으로 사는 노마드의 삶을 지향하는 브랜드다. 자유분방한 드로잉 아트 패턴을 기반으로 패턴 설계부터 사이즈 그레이딩까지 디자이너가 직접 제작한다. 마찬가지로 GRS 인증을 획득한 100% 재생 플라스틱 원단이며, 리사이클 폴리에스터는 일반 폴리에스터에 비해 무려 53~77%의 전력을 절약하고 CO_2 배출량도 감소시킨다.

노마제이의 수영복은 '더 잘 맞는 핏'을 위해 1mm의 차이로 다른 착용감을 만들어내는 란제리의 패턴을 연구, 적용했다. 수십 번의 샘플 가공을 통해 섬세한 속옷의 패턴을 브랜드 고유의 모로코 스타일 패턴과 사이즈 그레이딩법으로 옮긴 것이 특징이다.

직접 만들고 공유하며 남김 없음에 동참하는 뷰티 브랜드

국내 화장품 업계에서도 가치소비를 앞세우며 친환경 선언에 나서는 뷰티 브랜드가 늘고 있다. 타이거릴리는 제조부터 판매까지의 모든 과정에 있어 환경을 우선시하며 제품을 만든다. 자신을 사랑하고 살아 있는 모든 것을 존중하는 마음에서 비롯된 '비건'과 '제로 웨이스트' 실천으로 모든 사람이 건강하고 아름다운 생활을 누리도록 제안한다.

타이거릴리는 유기농, 비정제 그리고 에센셜 오일 등 식물성 원료를 베이스로 비건 클렌징 바와 비건 향수, 비건 디퓨저를 직접 만드는 뷰티 브랜드다. 두 공동대표는 예산상 제품부터 인테리어, 시멘트 디스플레이까지 손수 완성하며 머릿속에 그려둔 이미지를 구현했다. 이곳에서 많은 고객을 만나며 그들의 시선, 환경과 비건에 대한 깨달음을 얻으며 성장했다. 제품 개발에 가장 중시하는 것은 '제품의 매력이 충분한가'와 '쓰레기를 줄일 수 있는가'의 2가지다. 인체에 유해한 화학 원료는 물론이고 동물성 원료나 동물실험을 하는 식물성 원료, 추출 과정에서 야생동물과 생태계를 위협하는 팜오일을 사용하지 않는 것을 원칙으로 조향을 해 특별한 향을 만든다. 또한 제로 웨이스트를 위해 포장 용기를 모두 없애 쓰레기를 줄이고 대신 제품력에 더욱 집중한다. 플라스틱 용기 대신 유리를 적극적으로 사용하고 있으며, 불필요한 과대포장 없이 고시정보는 제품에 직접 붙여 1차, 2차 포장도 최소화한다. 제품의 완성도가 있다면 굳이 화려한 포장을 할 필요가 없다는 생각에서다. 쇼룸에는 비건 클렌징 바와 국내 최초로 비건 향수·디퓨저도 1g 단위로 담아 갈 수 있는 리필 스테이션이 마련되어 있다. 제로 웨이스트 실천 외에도 동물실험반대와 애란원과 구립망원청소년 문화센터에 기부 활동도 하고 있으며, 예술가들을 위한 전시 공간을 무료대관 해주고 있다.

리필 스테이션과 공병 수거 캠페인은 제로 웨이스트 그리고 플라스틱 자원의 무한한 선순환을 위해서 소비자가 꼭 동참하기를 권하는 실천법이다. 리필 스테이션은 샴푸나 보디 워시 등을 포장 용기 없이 내용물만 판매하는 곳으로서 가치 소비를 중요시하는 소비자의 부지런하고 똑똑한 선택과 기업의 환경적 제공 시스템이 결합한 공간이다. 이를 통해 기업은 탄소 배출을 줄이는 데 기여하고 소비자는 시중 판매가보다 40% 이상 저렴하게 제품을 구입할 수 있다. 다만 현행 화장품법에 의해 화장품 리필 스테이션은 샴푸와 린스, 보디 클렌저, 액체 비누 등 4종으로 제한하고 있다. 우리나라에서는 2020년부터 '맞춤형화장품 제도' 시행으로 화장품 소분 판매가 가능해졌는데 화장품 업계 최초로 제로 웨이스트 숍 '알맹상점'과 협업해 리필 시스템을 도입한 아로마티카는 이후로 플래그십 스토어 '제로 스테이션'을 오픈했다. 전용 공병을 구매할 필요 없이 소비자가 가져오는 모든 공병에 원하는 만큼 리필이 가능하다. LG생활건강도 가로수길과 죽전에서 '빌려 쓰는 지구 리필 스테이션'을 운영 중이며 광교 리필 스테이션을 운영 중인 아모레퍼시픽도 이 흐름에 적극적으로 참여하고 있다. 그 밖에 파트너스 리필 매장으로는 보틀팩토리, 알맹상점, 카페이공, 보탬상점, 채움소, 천연제작소 등이 있다.

플라스틱 폐기물을 줄이기 위한 브랜드의 노력으로는 공병 수거 화장품을 꼽을 수 있다. 올해로 18년째 공병을 수거해오고 있는 이니스프리는 최근 온라인 공병 수거 서비스를 추가로 개시했다. 사용한 이니스프리 공병 10개를 모은 후 공신 온라인 몰에 수거 신청을 하면 무료 수거가 이뤄지고, 반납한 공병은 다른 화장품 용기로 다시 태어나거나 자재 등으로 활용된다. 천연 유기농 화장품 브랜드 아로마티카도 플라스틱 자원 선순환을 위해 공병 수거 및 리필 캠페인 '용기내고 리필해'를 진행하고 있다.

리필 & 공병 수거 화장품

사용한 아로마티카 용기 혹은 투명 생수병을 깨끗이 세척한 후 택배 또는 아로마티카의 플래그십 스토어 '아로마티카 제로 스테이션'에 직접 방문해 반납하면 된다. 사진은 천연 유기농 화장품 브랜드 아로마티카의 제품으로, 국내 화장품 업계 중 최초로 100% 투명 PCR(사용 후 재활용) 소재의 용기를 출시한 브랜드다. 특별히 요청을 하지 않는 한 샴푸 용기에 펌프를 포함하지 않으며 캡부분은 PP 소재로 단일화했다. PCR 소재의 적극 활용으로 신규 플라스틱 생산을 최소화하고, 리필 스테이션과 리필 팩을 통해 버려지는 플라스틱까지 줄일 수 있다.

1명의 제로 웨이스트보다 10,000명의 레스 플라스틱을 위하여

연간 2억 마리의 동물들이 플라스틱 섭취로 죽어가는 시대. 이런 현실에는 화장품 용기 또한 큰 비중을 차지하고 있으며, 제품 컨셉을 살리고자 도색한 플라스틱은 재활용조차 불가능하다. 결국 보다 많은 사람이 플라스틱을 '덜 사용하는 것'만으로도 전체 사용량을 줄이고 긍정적인 변화를 이끌 수 있을 것이다.

'환경을 생각하지 않습니다. 환경을 위해 행동합니다.' 톤28은 이러한 철학으로 화장품 성분은 안정적으로 지키면서 플라스틱 사용량을 줄여 환경에 무해한 용기를 상용화한 뷰티 브랜드다. 1명의 제로 웨이스트보다 10,000명의 레스 플라스틱Less Plastic을 만들기 위해 무수한 용기 테스트를 거쳤으며, 한국환경공단 인증을 받은 고유의 종이 패키지를 완성했다. 그 결과 바를거리와 손 세정제 전용 패키지는 입구의 관과 박킹 외에 플라스틱 사용을 4.1g으로 최대한 줄였으며, 라벨의 용기 접착 최소화를 위해 0.03g의 접착제만 사용한다. 단상자 역시 종이를 재활용해 FSC 인증 마크를 받았다. 조금은 불편할 수 있는 종이 용기지만 환경과 동물을 살릴 수 있는 근본적 대안이다.

한편으로 발하는 제품에 있어서는 성분 90%, 용기 10%라는 원칙을 지킨다. 격이 다른 바른 먹거리 성분으로만 바를거리를 빚어내며 피부 트러블을 일으킬 수 있는 합성방부제와 인공 향·색소를 철저히 배제했다. 식물성 천연 & 천연 유래 원료만 사용하는 20여 개 제품은 가장 오래된 비건 조직인 영국 비건 협회The Vegan Society의 엄격한 심사를 통해 인증을 획득하기도 했다. 톤 28 제품은 여러 제로 웨이스트 숍과 온라인 몰에서 구입이 가능하다. 화장품과 함께 고체 샴푸와 세안제, 설거지 바 등도 매우 인기 높으며, 매달 맞춤 화장품을 배송하는 서비스를 운영 중이다.

의식 있는 소비, 윤리적 소비를 원하는 소비자가 늘면서 비건 퍼스널 케어 브랜드에 대한 관심이 높다. 닥터브로너스는 160여 년 역사에 5대째 가업을 이어가는 미국 유기농 화장품 브랜드로, 미국 내 유기농 보디 케어 시장 점유율 1위를 유지해 화장품계의 파타고니아라는 별칭까지 붙었다.

ALL-ONE우리는 모두 하나 라는 브랜드 철학 아래 100% 자연분해되어 토양과 수질을 오염시키지 않는 유기농 원료와 공정 무역 원료만을 사용한다. 제품 대부분이 비건vegan이며 식품과 동일한 수준으로, 사회적 지속가능성과 친환경성에 있어 미국 농무부를 비롯한 다수의 유기농·비건 인증을 받았다.

인공 보존제와 거품을 내는 합성 계면활성제를 사용하지 않는 제품들은 유기농 함유 클렌저퓨어 캐스틸 매직솝 이외에도 비누 바, 스킨, 보습 제품, 무향료의 베이비 마일드 라인 등 다양한 라인으로 구성되어 있다.

닥터브로너스는 포장에서의 혁신도 뛰어나다. 전 제품의 용기는 화장품에 일반적으로 사용되는 PVCPolyvinyl chloride, 폴리염화비닐 대신 PET 재질인 100% PCRPost-Consumer Recycled, 재활용 폴리카보네이트로 만든다. PCR은 사용 후 버려진 플라스틱 제품을 선별, 수거하여 재가공한 재생 플라스틱이다. 일반적인 플라스틱은 제조 시 다량의 탄소가 발생하는 반면, PCR 재가공 플라스틱은 비교적 적은 에너지로 제품 생산이 가능하고 탄소 발생량도 줄일 수 있다. 장기적으로는 새로운 플라스틱 생산의 수요를 줄이고 사용 후 매립 및 소각되는 플라스틱의 양을 줄일 수 있다. 사용한 병은 현지에서 다시 재활용되는 구조로, 해외로 보내지는 병의 양을 줄여 온실가스 배출을 감소시켰다. 비누 바 포장지 역시 100% 재활용 종이와 수용성 잉크로 제작된 것이며 모든 제품은 포장 쓰레기를 최소화하고자 2차 포장 없이 판매한다. 비건 철학으로 동물실험을 반대할 뿐만 아니라 해양 생태계 보호 활동을 하며 공정무역을 지지하기도 한다.

제로 웨이스트 캠페인이 일상에 자리잡으면서 '뷰티 바'도 인기를 끌고 있다. 액체 제품처럼 플라스틱 용기를 필요로 하지 않아 용기 재활용의 근본적인 문제를 해결하는 것은 물론, 유해 화학성분이 들어가지 않아 수질오염도 방지할 수 있기 때문이다. 최근 고체 비누는 제로 웨이스트의 첫 걸음을 시작한 사람을 위한 추천 아이템으로 급부상 중이다. 무엇보다 좋은 점은 친환경 실천에 있어서의 간편함이다. 계면활성제나 향료 등 불필요한 성분에 대한 걱정이 줄어들게 될 뿐만 아니라 다 쓴 샴푸 통 등의 플라스틱 쓰레기를 줄일 수 있고, 기존처럼 다 쓴 샴푸나 린스 통 내부를 씻고 말린 뒤 겉의 비닐 포장지나 조립식 펌프 속 스피링 등 다른 재질을 분류하는 재활용 과정 등을 생략할 수 있다. 이에 뷰티 업계에서는 환경 트렌드에 발맞춰 보디 워시, 클렌징, 샴푸, 린스 등 다양한 고체 비누를 선보이고 있다. 고체 비누는 이들 제품을 고농축 압축해 만들며 막대기를 뜻하는 바bar가 붙어 샴푸 바, 클렌징 바 등으로 불린다.

환경을 생각해 제작된 대부분의 뷰티 바는 액체 샴푸에 들어가는 방부제, 화학적 계면활성제, 인공 향료 등의 유해 물질 대신 자연 유래 성분으로 제작된다. 다만 여느 친환경 제품도 마찬가지이지만 뷰티 바도 기업의 '그린 워싱'에 속지 않으려면 한두 가지 친환경 성분만 강조하지 않는지, 친환경 성분을 정확한 표현으로 설명해주는지, 친환경 인증 마크가 있는지 꼼꼼히 따져 구매에 주의를 기울여야 한다. 가격대가 비누 1개당 1만 원 전후이니 다소 비싼 편이지만 내 사용으로 인해 지구가 좀더 편안해진다면 어떤 선택을 하겠는가. 사진은 더비건글로우 약산성 샴푸바, 한살림 창포샴푸비누, 동구밭 올바른 샴푸 그리고 한 알씩 쓰는 어슬링 뷰티큐브 샴푸다.

뷰티 바

뷰티 바는 온라인 쇼핑몰 이외에 다양한 오프라인 매장에서도 구입할 수 있다. 기업들 역시 제로 웨이스트 슬로건을 내건 화장품 및 생활용품을 출시한다. 더비건글로우, 한살림, 톤28, 마카네이처, 가치숍, 동구밭, 러쉬, 이니스프리 등등 종류가 실로 다양하다. LG 생활건강은 KBS 환경 예능 '오늘부터 무해하게' 출연진이 직접 제품 개발 과정에 참여해 만든 뷰티 바 3종을 출시하기도 했다.

자연으로 돌아가 퇴비가 되는 세계 최초의 스킨케어 용기

공병 수거 캠페인으로 제품 용기를 재활용하는 것은 기업과 소비자가 제로 웨이스트 실천으로 환경문제를 해결하는 새 패러다임으로 자리잡았다. 여기서 한 보 더 나아가 사용한 용기가 완전 분해되어 자연으로 돌아가는 제품을 개발하는 '뉴 제로 웨이스트'의 움직임도 있다. '진정으로 다음 세대를 위한 제품은 다음 세대에는 존재하지 않아야 한다.' 세상에서 가장 가벼운 화장품을 만들어 새로운 제로 웨이스트 시대를 열어주는 시타의 철학이다.

시타는 스킨케어 브랜드지만 놀라울 정도로 환경에 혁신적인 기업이다. 유기농이나 업사이클링 제품, 환경에 무해한 소재로 만들어진 패키지 제품들도 결국은 버려지게 되지만, 시타의 패키지 용기는 완전히 사라진 뒤 친환경 퇴비로 재활용된다. 자체 공정과 분해 시스템을 통해 플라스틱 패키지는 완전 생분해되고 고품질의 유기농 퇴비만 남아 지역 농가와 커뮤니티에 무료로 기부되는 것이다. 그뿐만 아니라 탄소중립을 위해 연구, 개발한 자체 퇴비화 공정 기술을 모두 공개해 다른 기업들도 지속가능 미래에 동참하도록 돕는다. 물론 다른 친환경 브랜드들도 생분해 플라스틱 용기를 사용한다. 이들은 분리배출 시 90%는 물과 이산화탄소로 분해되어 다시 토양으로 돌아가지만, 55~60℃ 사이 온도에서 6개월 이상 분해되어야 가능하다고 알려졌다. 즉 생분해성 용기는 땅에 매립된다 해도 해당하는 환경 조건을 만족시키기가 힘든 셈이다. 시타는 문제를 해결하기 위한 특별한 생분해 시설을 완성하고, 완전 분해되는 용기로 제로 라이프 사이클을 실현했다.

시타의 크림은 모두 동물실험을 거치지 않은 식물성 비건 제품이다. 인텐시브 크림은 모란 뿌리 추출물에 함유된 페오놀 성분과 병풀 추출물의 마데카식산 성분으로 외부 자극으로부터 손상된 피부를 진정시키고, 자극이 적어 연약한 피부에도 보습과 탄력을 선사한다. 데일리 크림은 필라그린 성분과 피부의 수분 유지력을 향상시키는 에코세라마이드 성분이 함유되어 자가 보습력을 높여 피부 자극 성분을 제외하여 수시로 발라도 안전하다.

시타는 자체 완전 퇴비화 시설을 통해 제품을 완전히 분해합니다. 또한 제품의 마지막을 책임지기 위해 세계 최초로 '직접 수거 시스템'을 운용하는 중이다. 깨끗이 씻은 빈 케이스 5개를 모으면 수거 신청이 가능하며 이에 대한 적립금을 지급받게 된다.

쓰레기가 생기지 않는 제로 웨이스트 메이크업 제품

메이크업 제품은 재활용도 안되는 플라스틱 종류가 대부분일 뿐 아니라 세척, 분류 과정 문제로 사실상 재활용 안되는 것이 대부분이다. 단일 재질로 만들어진 또는 유리로 된 용기 역시 내용물이 묻어 있거나 플라스틱, 금속 뚜껑, 펌프 등과 단단히 연결돼 있으면 재활용 불가다. 이에 화장품 용기의 재질 개선과 함께 플라스틱 폐기물을 재활용이 아닌 재사용 쪽으로 비중을 높여야 한다는 목소리가 높아지면서 화장품 용기의 재사용과 리필 시스템의 정착은 이제 선택이 아닌 필수가 되고 있다. 이런 가운데 용기를 굳이 버리지 않고 계속 다시 사용할 수 제로 웨이스트 마스카라가 출시돼 눈길을 끈다. 물론 비건 친화적이며 동물실험을 거치지 않은 크루얼티 프리 화장품으로 미국의 스타트업 이지Izzy에서 개발했다.

사실 마스카라는 화장품 가운데에서도 재활용 재사용이 쉽지 않은 아이템이다. 세척이 어려운 복잡한 디자인의 용기는 물론이고 마스카라 액이 묻은 브러시까지 있기 때문이다. 굳이 마스카라 용기의 소재가 무엇인지 확인하지 않아도 재활용이 어려울 것 같은 제품 중의 하나다. 하지만 이지 마스카라는 이런 생각의 틀을 없애고 화장품 재활용의 혁신을 이뤘다. 이지 마스카라 용기는 100% 재활용 가능한 의료용 등급 스테인리스 스틸로 만들어져 내구성이 뛰어나다. 기존 마스카라 대비 플라스틱이 94% 적게 함유됐다. 구독 서비스를 신청하면 재활용 재료로 만든 새 마스카라가 배송된다. 전부 사용한 다음에는 속눈썹이 닿은 브러시 부분을 제외한 용기를 업체로 반품할 수 있다. 이렇게 수거된 빈 마스카라는 내외부를 모두 깨끗하게 청소하고 마스카라액을 리필한 뒤 다시 소비자에게 전달된다. 브러시 부분은 나만 사용하는 부분이므로 위생적이다.

제품을 25번만 리필해 사용해도 다른 마스카라 제품 대비 탄소발자국이 78% 적다. 재사용을 거듭할수록 탄소발자국 감축량은 더 커진다. 메이크업 제품의 피부에 닿는 부분은 개인이 사용하고 리필 가능한 용기는 세탁과 소독이 쉽게 제작한다면 재활용 및 재사용이 쉽다는 것을 직접 보여주는 아이템이다. 이외에 동물 털을 사용하지 않는 브러시 브랜드 에코 툴스(@ecotools)는 대표적인 비건 브랜드로, 손잡이는 재생 가능한 대나무로 만든다. 디어달리아(@deardahlia_beauty)의 메이크업 제품은 일반 제품에서 자주 사용하는 카민 색소(연지벌레 색소) 동물성 왁스를 사용하지 않는다.

마지막으로 소개하는 아이템은 요가를 할 때 쉽게 미끄러지지 않게 하고 허리 통증이 생기지 않도록 도움을 주는 전용 매트다. 요즘은 홈트레이닝을 하는 사람이 늘면서, 굳이 요가를 하지 않아도 스트레칭을 위해 바닥에 깔아두는 아이템으로 인기 높다. 요가 매트를 고르는 기준은 사용하는 사람들마다 선택 기준이 매우 까다롭다. 미끄러움 방지부터 내구성, 쿠션감, 냄새, 집중도를 위한 컬러 등이 기본이고 여기에 재질과 관련한 친환경성에 대한 문제까지 더해진다. 수많은 브랜드의 등장과 함께 개인 활용도에 따른 제품 비교 리뷰도 많은데, 그중에서도 가장 인정받는 요가 매트를 꼽자면 룰루레몬, 만두카, 제이드요가의 제품이다.

만두카나 룰루레몬이 매트의 명품이라면 제이드요가는 요가 수련자들이 인정하는 친환경 제품이다. 제이드요가 매트는 개방형 천연 고무로 만들어졌으며 PVC, NBR, TPE, PER나 기타 합성 고무 성분을 포함하지 않는다. 고무나무에서 추출되는 천연 고무는 환경에 무해하고 재생 가능한 자원이다. 단 소량의 라텍스가 함유되어 있을 수 있으므로, 라텍스 알러지가 있는 사람은 생분해와 재활용이 가능한 고무 베이스의 매트를 선택하는 편이 좋을 것이다. 매트 하나가 판매될 때마다 하나의 나무를 심는 등 판매 수익의 일부를 환경에 기부한다.

요가 매트는 PVC, NBR, TPE, PER 등 소재가 다양하다. 가장 저렴한 PVC 소재는 내구성과 방수 기능이 되지 않고 유해 화학물질이 많이 검출되어 잘 확인한 뒤 안전한 제품을 골라야 한다. 니트릴 고무라고 하는 NBR 푹신한 반면 시간이 지나면 쿠션 복원력이 떨어지는 단점이 있다. TPE는 쿠션감이 조금 단단한데 그만큼 내구성이 뛰어나며, 미끄럼 방지 기능이 탁월하고 생활 방수 기능으로 땀이 흡수되지 않아서 악취 없이 사용할 수 있다. PER은 끈적거림, 화학 냄새가 덜할 뿐만 아니라 천연고무 100%이다.

Interview
유다님

<u>사는 곳</u> 밀양
<u>직업</u> 농부이자 크리에이터
<u>가족 구성원</u> 반려인 1命, 반려닭 4命
<u>제로 웨이스트 활동 연차</u> 4년
<u>제로 웨이스트 비율</u> 80%

밀양으로 이주 후 도시(서울)에서 살 때 보다 확실히 쓰레기의 양이 줄어들었습니다. 먹거리는 자급 농사를 통해 절반 이상 충당하고, 제게 없는 작물은 한 동네에 사는 할머님들에게 구매하거나 얻습니다. 또한 음식물쓰레기는 퇴비로 만들어 농사에 사용하거나 반려닭의 먹이로 주고 있고, 먹고 몸에서 배출되는 대변과 오줌은 생태화장실을 통해 밭의 퇴비가 되므로 실제 '쓰레기'가 되지 않습니다. 비누와 치약 또한 직접 만들어 사용하므로 욕실에서 나오는 쓰레기의 양도 적죠. 하지만 자급을 못하는 음식은 구매해야 하기 때문에 과정에서 포장재가 발생하고, 그 외에도 산 속에 살다 보니 필요한 물품을 택배 주문할 일들이 종종 있긴 합니다. 결론적으로, 대체재를 찾지 못했거나 자급할 수 없는 영역에서 어쩔 수 없이 발생하는 것 외에는 쓰레기 없는 삶을 산다는 의미에서 저의 제로 웨이스트 비율은 80% 정도라고 생각합니다.

자기소개를 부탁드려요

7년차 비건이며 그 동안 비폭력영화제 개최, 채식 관련 독립출판물 제작 등의 활동을 했습니다. 순환적인 삶에 눈을 떠 밀양에 귀촌한 뒤 현재는 '자급연구소'를 운영 중입니다. 기후정의와 기후 먹거리를 연구하고 있습니다.

내가 생각하는 제로 웨이스트란

'자연과 공생하고자 노력하는 삶.' 제가 생각하는 제로 웨이스트는 삶을 살아가면서 자연에 최대한 해를 덜 끼치려고 노력하는 삶을 뜻해요. 내가 사용하는 물건들이 썩어 흙으로 돌아가는 것, 나아가 소비에 의존하지 않고 자연에서 얻은 것으로 생활하는 것입니다.

제로 웨이스트를 시작한 계기는

처음엔 동물권 다큐멘터리였고 그 영화를 접한 뒤 비건이 됐죠. 축산업이 환경에 얼마나 안 좋은 영향을 미치는지 깨달을 무렵, 플라스틱 쓰레기 문제가 불거지기 시작했어요. 그때부터 대학교에서 '베지쑥쑥'이라는 단체를 조직해 활동했어요. 환경 및 동물권 이슈를 다루는 비폭력 영화제를 개최하고 채식 관련 독립출판물을 적극적으로 제작하면서,

빨대나 일회용 플라스틱 잔, 치약 등을 사용하지 않는 삶이 시작됐어요. 그러다 (소비를 통해서 살아가야 하는) 자본주의가 근본적인 문제임을 깨닫게 되었죠. 작년에 토종 종자로 벼농사를 짓는 우보농장에서 귀농자급자립 플랫폼 교육을 들은 후 이거다 싶었어요. 순환적인 삶에 눈을 뜨게 된 거죠. 농사를 짓는 과정에서도 비닐, 제초제를 사용하지 않고, 퇴비도 내 몸에서 나오는 것들과 음식물 쓰레기로 자가 퇴비를 만드는 '자연농 재배 방식'이에요. 눈을 뜨고 나니 도시에서의 삶이 많이 불편해져 마음 맞는 짝꿍과 함께 밀양으로 내려오게 됐어요.

구체적으로 어떤 활동을 하고 있는지

초반에는 빨대와 플라스틱에 많이 집착했던 것 같아요. 그래서 가방 속에 늘 얇은 에코백과 유리 빨대를 넣은 파우치를 넣어 다니고, 텀블러와 락앤락 통까지 들고 다녔어요. 언제 필요할지 모르니까요. 처음 머그잔에 제 유리 빨대를 꽂아 마셨을 때의 희열은 지금도 생생히 기억합니다. 한편으로 지금은 조금 더 근본적인 문제에 집중하고 있어요. 일회용품을 줄이는 것도 중요하지만 삶을 전환시켰으면 좋겠다는 생각이 들어요. 생활지를

지역으로 옮긴다든가 텃밭을 직접 가꿔 먹거리 자립을 이룬다든가. 이렇게 해서 유통과정을 줄이고, 땅과 내 몸에 더 이롭게 살 수 있도록 연구하고 있어요. 이 외에도 토종씨드림이란 단체에서 토종 종자를 수집하는 일과 녹색전환청년그룹에서 기후 먹거리를 연구하는 활동도 병행하고 있습니다.

공유할 만한 재미있는 에피소드가 있다면
밀양으로 내려오기 전 우보농장에서 교육을 들을 때였어요. 자가퇴비를 만드는 방식을 알고 난 뒤로 오줌이 버려지는 것이 너무 아까운 거예요. 그래서 일주일 동안 통에 오줌을 모아 교육이 있는 날 농장으로 가져갔어요. 그런데 통이 부실했는지 오줌이 새서 가방이 다 젖었지 뭐예요. 대중교통으로 약 1시간 떨어진 곳이었는데, 완전 아찔했어요.

활동의 영향력을 체감한 적이 있는지
개인마다 변화의 속도가 다르잖아요. 솔직히 여유(정신적인)가 있어야 실천도 할 수 있는 거고요. 현재 중요시하는 가치가 다른 곳에 있으면 바꾸기 힘들지만, 그럼에도 어떤 '때'가 되면 바뀔 친구들은 바뀌더라고요. 시간이 지나 '네 영향으로

제로 웨이스트를 실천하고 있어'라는 연락을 받으면 정말 기분이 좋죠.

제로 웨이스트 활동에 있어 정신적 여유는 얼마나 중요한가요
가령 손수건을 예로 들자면, 손 씻고 손수건을 사용하고 식당에서 무언가를 흘렸을 때 사용한 뒤에는 빨아야 하잖아요. 또 배달음식을 줄이려면 도시락을 싸야 하는데, 오랜 시간 근무하고 야근까지 하고 나면 언제 장봐서 도시락을 싸겠어요. 물리적으로는 어떻게든 시간을 쪼개서 할 수 있지만 그럴 만한 정신적 여력이 남아 있지 않죠. 현재의 사회구조에서는 그런 삶을 살 수 밖에 없어요. 그래서 '라이프스타일의 전환'이 중요하다고 봅니다. 돈에 의존하기보다는 적게 쓰더라도 자기 자신에게 더 집중할 수 있도록 해야 해요. 조금 덜 벌고 덜 소비하며 자신에게 집중하는 삶을 지향해 나가야 한다는 거죠.

제로 웨이스트러로 살며 달라진 점은
가치관이요. 제로 웨이스트를 실천해서 바뀌었다기보다는 환경문제를 인지하기 전과 후가 바뀌었다는 것이 정확할 것 같아요. 예전에는 사회에 나가기 위한

공부에 집중하면서 외모를 꾸며야 하니 옷,
화장품을 사고 트렌드 쫓는 데에도 시간과
돈을 썼어요. 성장과 발전 그리고 나를
꾸미는 일이 다른 파괴로 이어진다는 것을
인지하고 난 후부터는 오히려 마음이 편해요.
적게 가지고 텃밭 농사 일구면서 좋아하는
사람들과 살면 되지 않을까라고, 생각이 많이
바뀌었어요. 비용적인 부분도 많이 줄었어요.
예전에는 (특히) 옷을 너무 좋아해서 질
좋고 예쁜 옷들을 찾다 보니 돈이 많이
필요했어요. 그런데 옷을 생산하는 데 많은
환경 파괴가 잇따른다는 것을 인지하고는
중고로 구매하기 시작했죠. 이후로는 돈이
많이 필요치 않게 됐어요. 제 주변에서
일회용품들이 줄거나 사라지면서 쓰레기
없는 삶의 아름다움을 경험하고 있답니다.

꾸준히 실천해온 노하우가 있다면
우선 너무 완벽할 필요는 없는 것 같아요.
초콜릿 음료가 먹고 싶은데 텀블러가
없으면 종이컵에 따라 먹고, 그러면서
줄여가면 되는 거거든요. 플라스틱을
종이컵으로, 종이컵을 다회용 컵으로. '난
안돼, 제로 웨이스트를 못할 것 같아'라며
포기하는 것은 섣부른 판단인 것 같아요.
제로 웨이스트가 어려운 것은 개인의
잘못이 아니라 기업과 산업의 문제죠.
그러니 자신만의 타협점을 찾아 자신에게
맞는 방법으로 해나가면 돼요.
단지, 제로 웨이스트를 한다고 무언가를
소비하려고 하면 더 큰 비용이 지출되는
것 같아요. 지금 플라스틱 칫솔이 많은데
그것을 두고 대나무 칫솔을 사는 것은 아닌

것 같아요. 있는 것을 다 쓰고 필요한 것을 흙으로 돌아갈 수 있는 자연 소재로 택하는 것이 좋죠.

제로 웨이스트 제품의 선택 기준과 활용 팁이 있다면

의류는 트렌드에 민감하지 않은 옷들로, 새것보다는 중고의류를 택합니다. 처음 중고 옷을 구매했을 때는 그것 만으로 환경적이라 생각해 특별한 기준을 두지 않았지만, 지금은 중고로 살 때도 자연소재(미세플라스틱이 발생하지 않는 면, 리넨, 텐셀 등)를 선택해요. 먹거리는 채식 위주로, 가까운 거리에서 나는

제철 채소를 택합니다. 도시에 살 때는
전통시장에 에코백을 들고 가 벌크로
된 재료를 구매하거나 유기농 농사를
짓는 농부님께 꾸러미를 정기배송 받아
먹었어요. 저는 울산에 있는 백화골
꾸러미를 애용했는데, 따로 비닐 포장하지
말고 신문지에 싸달라고 부탁드리니 그렇게
해주셨어요. 쓰레기 없이 다양한 제철
채소를 먹을 수 있어 편했습니다.
생활재의 경우 휴지는 대나무(나무가
아니라 식물이에요) 휴지를 사용했는데
요즘은 우유팩 재사용 휴지를 한살림에서
구입해 사용합니다. 물론 에코백과 텀블러
그리고 손수건을 꼭 챙깁니다.

요즘 애용하는 제로 웨이스트 제품은

제 생애 첫 제로 웨이스트 제품은 면
생리대였는데, 요즘은 생리컵을 사용해요.
일회용 생리대를 사용하지 않는다는 점도
좋고, 간단하게 물에 씻기만 하면 되어
사용이 간편합니다. 삶아 쓰기 때문에 세균
걱정 없이 위생적으로 사용할 수 있어요.
그래도 너무 바쁘거나 생리통이 심해
여력이 없을 때는 일회용 생리대를 쓰기도
합니다.

제로 웨이스트화가 꼭 되었으면 하는 제품이 있다면

최근 몸이 좋지 않아 한약을 먹고 있는데
이것도 꼭 하루 2~3포씩 쓰레기가
나옵니다. 자신이 원하는 만큼 덜어 먹을
수 있도록 벌크로 판매하거나, 한약 재료만
별도로 구매해 집에서 다려 먹는 방식이
가능했으면 좋겠어요.

내가 바라는 제로 웨이스트의 미래는

자급자족입니다. 제로 웨이스트가 또 다른
제품 소비로 가면 안되고, 결국은 먹거리나
약과 같이 내 몸에 필요한 것들을 직접
만드는 방법을 알고 외부 의존도를 낮춰야
한다고 생각해요. 지금은 업체가 제공하는
정보만 취득할 수 있는데, 내 몸을 이해하고
그에 맞는 약을 직접 만들게 되면 건강한
성분이라는 장점 외에도 유통 및 소비
과정에서의 불평등을 많이 없앨 수 있다고
생각해요. 그래서 짝꿍은 동의보감을, 저는
허브테라피를 공부하고 있어요. 약재가 될
작물을 직접 키우고 말려서 만들어 먹는
것이 목표입니다.

INDEX

책에 소개한 아이템 중 일부 제품에 대한 검색 주소, 또는 구입한 제로 웨이스트 숍을 소개한다.

유통 중 쓰레기가 제로이길.
다시 쓰고 다시 쓰여지길.
탄소가 배출되지 않길.

제로 웨이스트 숍 알맹상점 입구에서 읽게 되는 태그다.
제품의 생산부터 소비, 유통 단계까지 쓰레기가 나오지 않도록 노력한 제품,
재활용에 적합한 소재이거나 리필·업사이클 등을 통해 수명을 연장하는
제품 그리고 생산과 이동 과정에서 탄소배출을 줄이려고 노력한 제품을
'꼭 필요할 때' 구입해 쓰는 습관을 들인다면 건강한 지구를 만들고 지킬 수 있다.

아울러 책에서 공감한 물건과 내용, 이를 통해 개인적으로 생각해본 더 나은
실천 아이디어가 떠올랐다면 주위의 많은 사람과 공유해보자. 가까운 지인이나
SNS 커뮤니티에 알리고 공감하는 힘이 모여 지역 공동체 차원의
제로 웨이스트 활동 또한 활발해질 수 있을 것이다.

ZERO WASTE 77

초판 1쇄 발행 2022년 4월 20일

펴낸곳 책책
펴낸이 선유정
편집인 김윤선

콘텐츠 자문·인터뷰 김지은
디자인 프래그
제품 사진 전성곤(Light Studio)
감수 김소희((재)기후변화센터 사무총장)

출판등록 2018년 6월 20일 제2018-000060호
주소 (03088) 서울시 종로구 이화장1길 19-6
전화 010-2052-5619

인스타그램 @chaegchaeg @zero.waste.77
전자주소 chaegchaeg@naver.com